10대를 위한
자기주도학습
실천 노트

온라인 시대,
자기주도학습에 더 강해져라

10대를 위한
자기주도학습
실천 노트

정형권 지음

더메이커

매일 아침에 일어나면 "내가 할 수 있는 일이 뭘까?"라고 생각했다.

그리고 저녁에 잠자리에 들 때는 "내가 그것을 했는가?"라고 자문했다.

나는 그렇게 하루를 시작하고 하루를 마무리 지었다.

– 벤자민 프랭클린

자기주도학습에서 답을 찾자

전 세계적으로 코로나19 팬데믹이 장기화하면서 학교는 엄청난 변화를 겪고 있다. 온라인 수업과 불규칙한 등교 등에 학생들은 제대로 적응하지 못하고 있다.

하지만 이런 상황에서도 중심을 잡으며 자기 공부를 해나가는 학생들이 있다. 바로 자기주도학습 습관을 지닌 학생들이다. 이들은 혼란 상황에도 흔들리지 않고 자신의 공부를 해나가고 있다. 반면에 온라인 수업이 계속되자 자기주도학습 습관이 안 돼 있는 학생들은 학업 성취도가 급격히 떨어지고 있다.

이렇게 되면 학생들의 학습 격차는 더 커질 수밖에 없다. 그래서 코로나 사태 이후로 학습 격차가 커지고 있다는 우려 섞인 보도가 이어지고 있는 것이다.

이처럼 공부에서도 빈익빈 부익부가 가속화되고 있다. 물론 이런 현상은 코로나 사태 이전에도 있었고 지금도 여전히 진행되는 중이다. 그것이 코로나 사태라는 비정상 상황에서 급속히 진행되고 있는 것뿐이다. 또한 평소에는 잘 드러나지 않던 자기주도학습 능력을 갖춘 학생들이 위기의 상황에서 더 돋보이고 있는 것뿐이다.

아무리 좋은 온라인 강좌가 많아도 자기주도로 학습할 능력이 없으면 무용지물이다. 공부는 다른 사람이 대신해줄 수 없는, 온전히 자신의 주도와 힘으로 해야만 하는 진실한 노동이기 때문이다.

자기주도학습의 대전제와 실천 방법

그렇다면 자기주도학습 능력을 어떻게 갖출 것인가? 여기서 먼저 한 가지 기억해야 하는 것은 자기주도학습의 대전제는 '잘 읽고 쓸 수 있어야 한다'는 것이다.

교과서를 잘 읽을 수 없고, 읽은 내용을 소화하여 표현할 수 없다면 자기주도학습은 불가능하다. '읽고 쓰기'라는 기본기를 갖추지 않은 채 공부하겠다고 나섰다가는, 얼마 못 가 공부에 흥미를 잃고 말 것이다. 당연히 원하는 성과도 낼 수 없다. 이런 상태를 바꾸지 않고 학년이 올라가면 결국에는 공부를 포기하는 일까지 벌어질 것이다.

시중에 다양한 온라인 강의가 나와 있다 보니 온라인 강의를 많이 들으면 공부를 잘하게 될 거라 기대하는 학생도 있다. 하지만 온라인 수업도 교과서나 참고서를 바탕으로 진행하는 수업이므로, 텍스트를 이해하는 만큼밖에는 내용을 흡수할 수 없다. 따라서 '읽기 능력'이 부족한 학생은 온라인 수업을 들어도 무슨 내용인지 이해하지 못하는 것이 당연하다. 온라인 수업을 들었으니 들은 만큼 공부했다고 생각할지 모르지만, '읽기 능력'이 부족한 상태에서는 헛수고일 가능성이 많다.

따라서 자기주도학습을 하려면 먼저 '읽기 능력'을 향상해야 한다. 이것은 단순히 책을 많이 읽어서 해결할 수 있는 문제가 아니다. 교과서는 비문학 중심으로 이뤄진 개념서이기 때문에 제대로 된 읽기 훈련을 통해 읽기 방법을 반드시 익혀야 한다.

어떻게 하면 자기주도학습을 할 수 있나요

사정이 이렇다 보니 필자에게 "어떻게 하면 자기주도학습을 잘할 수 있느냐" 라고 묻는 분이 많다. 그럴 때마다 나는 우선 교과서부터 제대로 읽는 훈련을 하라고 권한다. 이것만이 공부를 잘하는 지름길이다. 아무리 학사 일정이 들쭉 날쭉해도 해당 학년과 학기에 배워야 하는 내용은 교과서에 제시되어 있다. 따라서 읽기 훈련이 잘 되어 있으면 교과서와 참고서만 가지고도 어지간한 내용은 혼자 공부할 수 있다. 그래도 모르는 것은 인터넷 강의나 선생님께 질문 등을 통해 해소할 수 있다.

이 책은 자기주도학습의 핵심인 읽기와 쓰기, 공부법, 자기관리를 집중하여 연습할 수 있도록 구성되어 있다.

앞부분 파트1과 파트2에서는 자기주도학습의 핵심 원리와 자기주도학습을 위한 마음 관리법을 다루었다. 자기주도학습에서는 마음 관리법이 무엇보다 중요하기 때문에 자세히 다루었다.

후반부인 파트3과 파트 4에서는 직접 해보며 자기주도학습법을 익힐 수 있도록 구성하였다. 필자가 제시한 읽고 쓰기 훈련법인 '3SR2E'을 잘 실천한다면, 짧은 시간에 자기주도학습을 체득할 수 있을 것이다.

책에 제시된 자기주도학습 실천노트를 모두 채우면 자기주도학습의 기본 훈련은 끝났다고 볼 수 있다. 부디 많은 학생이 공부의 어려움을 이겨내고 자기주도학습 방법을 터득하여 학습의 주인이 되기를 바란다.

2021년 1월
정형권

CONTENTS

PART 1

자기주도학습의 핵심 원리

· · ·

학습 도구와 환경이 다양해지면서 사람과 도구에 더 많이 의
지하는 경향이 늘고 있지만, 결국 공부는 자기 힘으로 해야 한
다는 사실에는 변함이 없다. 자기주도학습은 자기 주도로 의
도적인 노력을 하는 공부다. 실력을 좌우하는 핵심은 혼자 연
습하는 시간이다. 거기에 올바른 방향을 정하고 의도적인 연
습을 한다면 실력을 월등하게 향상할 수 있다.

혼자 하는 공부에 능숙해져라

비대면 공부의 기회가 늘어나면서 혼자 하는 공부의 중요성이 강조되고 있다. 학습 도구와 환경이 다양해지면서 사람과 도구에 더 많이 의지하는 경향이 늘고 있지만, 결국 공부는 자기 힘으로 해야 한다는 사실에는 변함이 없다. 운동선수가 자기 몸으로 훈련하지 않고 좋은 인터넷 강의와 유명 코치에게 설명을 듣는다고 실력이 늘지 않는 것과 마찬가지다.

코로나 사태와 같은 팬데믹 상황에서 스스로 공부하는 힘을 기르지 않으면 안 된다는 것을 절감하게 됐다. 선생님이나 동료와 같이 하는 공부도 중요하지만, 혼자서 하는 공부에도 익숙해지고 능숙해져야 한다.

예전에 자기주도학습 열풍이 분 적이 있다. 스스로 알아서 공부한다면 얼마나 좋겠냐며, 많은 사람이 열광했지만 몇 년이 지나고 다시 옛날 모습으로 돌아가는 것을 볼 수 있었다. 스스로 알아서 하는 것이 말처럼 쉬운 일이 아닌 것은 분명하다.

그런데 전 세계적인 팬데믹 영향으로 자기주도학습을 해야만 하는 상황이 왔다. 이제라도 자기주도로 학습을 하겠다는 마음을 먹고 실천해야 한다. 어떤 의미에서 지금이야말로 자기주도학습을 익힐 절호의 기회라고 할 수 있다.

그렇다면 자기주도학습이란 무엇인가? 어떻게 하는 것이 자기주도학습일까?

자기주도학습은 '자기 주도의 의도적인 계획된 학습'

스웨덴 출신의 심리학자인 안데르스 에릭슨이 베를린 음악대학의 바이올린 전공 학생들을 대상으로 한 연구 결과를 들여다보자. 연구자들은 연구에 참여한 학생들을 세 집단으로 나누었다.

- 세계적인 바이올린 독주자가 될 잠재력을 가진 '최우수 그룹'
- 우수하지만 슈퍼스타급은 아닌 '우수 그룹'
- 바이올린 연주자보다는 음악 교사가 될 가능성이 높은 '양호 그룹'

이들을 심층 인터뷰한 결과 거의 모두가 실력 향상에 가장 중요한 것은 '혼자 하는 연습'이라고 말했다. 더불어 세 그룹의 주된 차이점은 '혼자 하는 연습에 바친 총 시간'이었다.

최우수 그룹은 18세가 되기까지 혼자 하는 연습에 평균 7,410시간을 투자했다. 우수 그룹은 5,301시간, 양호 그룹은 3,420시간을 투자했다.

혼자 하는 연습이 실력 향상에 지대한 영향을 미치는 이유는 무엇일까? 단지 '혼자 하는 연습에 바친 총 시간'만 늘리면 실력이 향상될까? 에릭슨 박사는 연구에 참여한 학생들과 심도 있게 인터뷰 하는 과정에서 그들이 '의도적인 계획된 연습'을 하고 있음을 밝혀냈다. 이들의 '의도적인 계획된 연습'은 연습 시간 동안의 '집중력'의 차이로 나타났고, 결국에는 실력 차이를 만들어냈던 것이다.

이처럼 세 그룹의 주된 차이점은 '혼자 하는 연습에 바친 총 시간'과 '의도적인 계획된 연습'이었다.

최고 수준이 되기 위해서는
단순한 연습이 아닌
'의도적인 계획된 연습
(deliberate practice)'을 해야 한다

안데르스 에릭슨

이제 이것을 우리의 공부에 적용해보자. 공부를 잘하기 위해서는 공부시간이 절대적으로 중요하다. 하지만 혼자 공부할 때 집중력이 떨어진 상태에서 오래 공부하는 것은 효과가 별로 없다. 그래서 에릭슨은 "의도적인 계획된 연습"이 중요하다고 했다. 그냥 열심히 훈련만 해서는 안 되고 목표와 의도를 가지고 해야 실력 향상으로 이어진다는 것이다.

자기주도학습은 '자기 주도의 의도적인 계획된 학습'이라고 할 수 있다.

┌─ **자기주도학습 포인트** ─────────────

자기주도학습은 자기 주도의 의도적인 노력을 하는 공부다. 실력을 좌우하는 핵심은 혼자 연습하는 시간이다. 거기에 올바른 방향을 정하고 의도적인 연습을 한다면 실력을 월등하게 향상할 수 있다.

문해력, 자기주도학습의 핵심이다

비대면으로 공부해야 하는 상황이 많아졌다. 비대면 공부는 가르치는 사람과 마주하지 않고 혼자서 하거나 온라인 강의 등을 통해 직접 대면 없이 공부하는 것을 말한다. 그런데 배움이 비대면 중심으로 진행되면서 학생들은 혼란에 빠졌다. 들쭉날쭉 진행되는 대면 수업과 불규칙한 등교 때문에 마음을 잡고 공부하기 어려운 상황이 된 것이다.

이처럼 비대면 수업과 불규칙적 학사운영으로 많은 학생이 곤란함에 처해 있다. 어디서부터 무엇을 어떻게 해야 할지 막막해하고 있다. 일단 학원이나 과외수업의 도움을 받아 해보기는 하지만 상황을 능동적으로 헤쳐 나가기엔 역부족인 경우가 대부분이다.

그래서 비대면 수업과 학습이 늘어나면서 혼자 하는 공부의 중요성이 강조되고 있다. 혼자서 자신의 공부를 주도할 수 있다면 대면이든 비대면이든 큰 상관은 없다. 혼자서 하는 능력이 길러진 자기주도학습자들에겐 오히려 이러한 상황이 공부하기에 더 유리할 수도 있다. 문제는 아직 자기주도학습 공부습관이 부족한 학생들이다.

비대면 수업에서 공부 격차를 만드는 것은 무엇인가

비대면 수업이 진행되면서 학생들의 학습 격차가 더 커졌다는 사실이 널리 알려졌다. 학습 격차가 커질 수밖에 없는 이유는 혼자서 공부하는 능력의 차이가 크기 때문이다.

그렇다면 혼자서 공부하는 능력의 차이를 만드는 것은 무엇일까? 학습 격차를 만드는 것은 무엇일까?

바로 '읽기 능력'이다. 교과서를 잘 읽을 수 있느냐 없느냐가 모든 수업에 영향을 미친다. 실시간 온라인 수업이든, 인터넷 강의든 텍스트를 얼마나 소화할 수 있느냐가 중요하다. 교재(교과서, 참고서 등)를 혼자서 보고 반도 이해할 수 없는 학생이라면 온라인 수업을 따라가기도 힘들 뿐 아니라, 수업이 끝나도 혼자 공부할 엄두를 못 낼 것이다.

영어 교과서를 잘 읽기도 힘들고 단어 뜻을 많이 모르는 학생이 인터넷으로 수업을 듣는다면 수업 내용을 거의 소화하지도 못할 것이다. 그렇게 몇 달이 흐르면 수업 듣는 것을 포기하고 말 것이다. 당연히 교과서는 기본적으로 읽을 수 있고 읽으면 대략의 내용을 이해할 정도는 돼야 수업에 흥미를 갖고 참여할 수 있다.

그런데 그렇지 못한 학생의 비율이 높다는 것이 문제다. 공부에 있어서 부익부 빈익빈은 자연스러운 현상이라고 할 수 있다. 잘하는 학생은 원리를 알고 기초가 튼튼해서 더 잘할 수밖에 없다. 못하는 학생은 그 반대가 된다.

그런데 학교 수업이 정상적으로 진행될 때는 중간층이 어느 정도 형성됐지만 비대면 수업이 많아지면서 중위권 학생들이 하위권으로 이동하게 됐다. 읽기에서 부족한 부분을 선생님의 수업으로 해결했는데 비대면 수업이 늘어나면서 공부에 구멍이 생긴 것이다.

따라서 비대면 공부환경에서 가장 중요한 '교과서 제대로 읽기'에 관심을 갖고 텍스트에 강해져야 한다.

자기주도학습의 출발은 읽기다

너무나 많은 학생이 교과서 내용을 소화하지 못하고 있다. 내가 만난 많은 학생이 "선생님, 교과서를 읽는데 몇 번을 읽어도 무슨 말인지 모르겠어요."라고 호소하고 있다.

나는 학생들 학습 상담을 할 때 가장 눈여겨보는 부분이 '문해력(文解力; 글을 읽고 이해하는 능력)'이다. 교과서를 읽어 보게 하면 그 학생의 현주소가 금방 나온다. 토론 학습이나 모둠 수업을 하려고 해도 텍스트의 내용을 이해하지 못한 상태에서는 그런 것이 의미가 없다. **문제는 교과서를 읽고 이해할 수 있느냐이다.**

유래 없는 팬데믹(새로운 질병이 전 세계적으로 유행하는 것) 상황은 혼란과 불안을 가져왔지만, 역으로 보면 스스로 공부하는 습관을 만들 수 있는 절호의 기회다. 자기주도학습을 할 수밖에 없는 상황을 받아들이고 과감하게 남에게 의지하는 습관에서 벗어나 자신의 힘으로 공부하는 습관을 만들어가자.

그 출발은 읽기다. 텍스트에 강해져야 한다. 비문학 중심으로 구성된 교과서를 읽어내는 힘을 기르자. 그러기 위해서는 교과서를 제대로 읽는 훈련이 필요하다. 책을 많이 읽거나, 독서를 좋아하는 학생 중에서도 읽기 훈련이 안 돼서 교과서 읽기를 힘들어하는 학생이 있다.

책을 좋아한다고 해서 공부를 잘하는 것은 아니다. 교과서와 같은 비문학

책, 개념서를 읽는 방법을 익히는 것이 중요하다. 교과서를 읽을 때는 '천천히 제대로 읽기'에 중점을 두어야 한다. 천천히 읽어야 내용을 잘 이해할 수 있고, 자기 것으로 만들 수 있다.

문해력 향상을 위한 읽기 방법에 대한 설명은 PART.3 '3SR2E'에 자세하게 나와 있으며 제대로 훈련할 수 있도록 여러 번 연습하도록 활동지가 준비되어 있으므로 거기서 연습하면 된다.

자기주도학습 포인트

비대면 학습은 텍스트를 중심으로 이뤄진다. 텍스트에 강해져야 한다. 자기주도 학습의 대전제는 '잘 읽을 수 있는 능력'이다. 교과서와 참고서를 잘 읽는 훈련을 하면 공부의 재미를 느끼게 되고, 깊은 공부가 가능해진다.

말과 글로 표현하는 공부

자기주도학습을 하는 첫 단계가 앞에서 얘기한 교과서 읽기에 강해지는 것이다. 이제 그다음 단계에 관해 얘기 나누자.

표현할 때 공부가 완성된다

학습은 모르는 것을 아는 것으로 만드는 과정이다. 혼자서 어떤 교과의 내용을 공부했거나 온라인 수업이나 대면 수업을 통해 뭔가를 배웠다고 치자. 그러면 그 학생이 그것을 아느냐 하는 것이 문제가 된다. 배운 것과 아는 것은 별개다. 한 선생님에게 백 명이 배워도 시험을 치면 100점부터 최하 점수까지 골고루 나온다. 아무리 잘 가르치는 선생님도 모두 100점 맞게 가르치지는 못한다.

학교 수업이나 온라인 수업을 예로 들어보자. 인터넷 강의를 40분간 들어서 뭔가를 배웠다고 하면 학생은 40분 동안 공부를 했다고 생각한다. 물론 틀린 말은 아니다. 하지만 그것을 설명해 보라고 하면 잘 하지 못한다. 공부를 잘한다고 하는 학생도 설명을 잘못하는 경우가 많다.

그런데 시간을 좀 주고 생각하고 정리해보라고 한 다음, 설명해보라고 하면 이전보다는 훨씬 잘하는 것을 볼 수 있다. 그 시간 동안 생각하고 정리를 해서 머릿속에 체계적으로 지식이 자리잡은 것이다.

즉, 수업을 듣거나 책을 읽은 후에 생각하고 정리하는 시간을 가진 다음, 그 것을 말과 글로 표현하면 공부한 내용이 그 사람의 지식으로 확고하게 자리잡 히게 된다.

학생들은 그날 공부한 내용을 표현해보도록 힘써야 한다. 표현하는 방법은 말로 설명하거나 글로 적어보는 것이다. **표현할 때 공부가 완성된다. 그런데 많은 학생이 표현하는 공부를 할 시간에 새로운 것을 배우느라 시간을 보내는 것을 볼 수 있다.** 공부는 반드시 배운 것을 표현해보는 시간을 가져야 한다. 지식을 입력 만 할 것이 아니라 반드시 출력해서 확인하는 시간을 가져야 한다.

'공부-공부 팀'과 '공부-꺼내보기 팀'의 대결

KBS 시사기획 프로그램에서 고등학교 학생들을 대상으로 간단한 실험을 하 였다.

A반 학생들에게 한 장짜리 과학 지문을 나눠준 후 7분 동안 외우도록 했다. 같은 시각 옆 B반 학생들도 같은 내용을 공부하게 했다. 그리고 5분씩 쉰 후 A 반은 똑같은 지문을 7분 동안 다시 외우게 했다. B반은 외웠던 것을 떠올려 종 이에 써보게 하였다. 즉, '공부-공부 팀'(A반)과 '공부-꺼내보기 팀'(B반)의 대결이 다. 그리고 다시 5분 후, 진짜 시험을 봤다.

A반(괄호): 과학 지문을 7분 동안 외우기 ▶ 5분 쉰 후 똑같은 지문을 다시 7분 동안 외우기

B반(괄호): 과학 지문을 7분 동안 외우기 ▶ 5분 쉰 후 외웠던 것을 7분 동안 떠올려 종이에 써보기

어느 쪽 점수가 잘 나왔을까?

A반(공부-공부 팀)은 평균 61점이 나왔다. 그리고 B반(공부-꺼내보기 팀)은 평균 55점이 나왔다. 역시 두 번 공부한 것이 나은 것일까?

하지만 진짜 공부는 아직 시작되지 않았다. 일주일 후 같은 시험을 다시 한 번 보게 했다. 일주일 뒤에 또 시험을 볼 거라고는 생각도 못 했던 학생들은 잘 기억이 안 난다는 표정이었다.

점수는 어떻게 나왔을까? 놀랍게도 일주일 사이에 점수는 역전되었다. 평균 61점이었던 A반의 1주일 뒤 시험 결과는 45점으로 떨어졌다. 외운 내용이 단기기억에 머물러 있다가 점점 사라져버린 것이다. 반면 55점이었던 B반(공부-꺼내보기 팀)의 일주일 뒤 시험 결과는 53점으로, 일주일 뒤에도 까먹은 내용이 별로 없었다. 외운 것이 꺼내보는 과정에서 장기기억으로 넘어간 것이다.

헨리 로디거

"배운 걸 기억에서 꺼내는
노력을 많이 할수록
장기 기억으로 더 잘 보낸다."

학자들은 '배운 걸 기억해서 꺼내는 노력'을 많이 할수록 장기기억으로 더 잘 보낸다는 증거들을 찾아냈다. 따라서 학습을 한 후 잠깐이라도 배운 내용을 노트에 적어본다면 학습 효과가 매우 클 것이다.

자기주도학습 포인트

혼자서 공부하든 대면 수업을 하든 공부한 내용은 반드시 출력을 통해 확인해야 한다. 새로운 것을 배우는 데만 시간을 써서는 안 된다. 배운 것을 꺼내보는 노력을 많이 하면 공부 방법을 자연스럽게 익히게 된다.

수업 집중과 예·복습

예습을 하면 큰 그림을 그리며 수업에 참여할 수 있다

수업시간은 학생들이 공부에 많은 시간을 할애하는 중요 영역이다. 수업시간을 잘 활용하는 것이 공부의 성패를 가르는 것은 당연하다. 그렇다면 효율적인 수업이 되기 위해서는 어떻게 해야 할까?

바로 수업시간에 배울 내용을 미리 공부해 가는 것이다. 즉 예습이 필요하다. 무슨 내용을 배울지 미리 알고 가는 사람과 그렇지 않은 사람의 수업 집중도는 다르고 이해도에서 차이가 난다. 이해하지 못하는 것을 오래 집중해서 들을 수 있는 사람은 드물다.

많은 학생이 수업에 집중하지 못하는 이유는 그날 배울 내용에 대해 아무것도 준비되지 않은 상태로 참여하기 때문이다. 아는 내용이 자주 나오면 모르는 부분을 이해하기 위해 노력할 텐데, 모르는 내용이 너무 많다면 어느 순간 집중력은 흐트러지고 수업을 놓치고 말 것이다. 그런 경험을 몇 번만 반복하면 수업은 지루하고 짜증나는 시간이 될 것이 뻔하다.

따라서 학생이 미리 공부해 간다면 수업 내용을 이해하기도 쉬울 뿐만 아니라, 선생님이 가르치는 방식이 조금 재미없더라도 자신만의 방식으로 소화할

자기주도학습의 핵심 원리

수 있다.

예습하게 되면 전체 맥락을 안 상태에서 수업에 임하게 되므로 흐름을 알기 때문에, 큰 그림을 그리며 공부할 수 있다. 하지만 그렇지 않은 학생은 왜 이걸 배우는지, 맥락을 모르거나, 기본 지식과 개념도 이해하지 못해 쩔쩔매게 된다.

그러므로 예습은 수업을 최대한 활용하게 하고 복습을 쉽게 하도록 해주어, 시간과 노력을 절약하게 해준다. 따라서 가능하면 예습은 반드시 하고 수업에 참여하는 것이 좋다.

천천히 제대로 읽기로 예습하기

그렇다면 예습을 하는 방법은 무엇일까? 예습은 '3SR2E(천천히 제대로 읽기)' 방법을 활용하면 된다. 일반적으로 수업시간에 집중하고 공부가 잘 되게 하려면 수업시간 5분 전에 예습하는 방법을 권한다. 이 방법은 짧은 시간에 집중하여 몰입도가 높고 효과도 상당히 좋은 방법이다.

그런데 이 방법이 모든 학생에게 효과가 있을까? 많이 훈련한 학생이 아니라면 수업 전 짧은 시간에 교과서를 훑어본다고 해도 내용을 파악하기가 쉽지가 않다. 특히 문해력이 부족한 학생은 한두 번 해보고 다시는 시도하지 않을 것이다. 따라서 이 방법이 좋은 것은 맞지만 모두에게 맞는 방법은 아니다.

여러분이 수업시간에 어려움을 겪고 있다면, 하루나 이틀 전에 미리 수업할 내용을 천천히 2~3회 반복해서 읽고 정리해본 다음 수업에 들어갈 것을 권한다. 즉, 수업 내용에 대한 정보를 충분히 알고 수업을 맞이하라는 얘기다.

수업에 집중이 안 되는 이유 중 대표적인 것이 모르는 내용이 너무 많아서이다. 주어진 시간 안에 정보가 너무 많이 들어와서 다 처리할 수 없는 한계 상황을 맞게 된다. 그러므로 천천히 제대로 읽기 방법을 잘 활용하여 3번 정도 정독하고 수업에 임해보자. 훨씬 집중이 잘 되고 이해가 잘 되면서 공부의 재미를 느끼게 될 것이다.

인터넷 강의를 들을 때도 마찬가지다. 무작정 강의부터 들으면 효과가 떨어진다. 해당 부분을 미리 확인하고 수업을 듣는 것이 좋다. 예습하고 인터넷 강의를 들으면 수업시간에 어느 정도 암기가 되는 부분이 있다.

예습-수업-복습의 흐름은 자기주도학습자가 되는 지름길이다

예습을 하고 수업을 듣는 사람과 그렇지 않은 사람은 수업시간에 이미 격차가 상당히 벌어진다. 공부의 빈익빈 부익부를 결정하는 것 중 하나가 예습이라는 것을 잊지 말아야 한다.

예습-수업-복습의 흐름은 자기주도학습자가 되는 정석이요, 지름길이다. 예습으로 수업에 집중할 수 있고, 수업에 집중하고 나면 복습하기가 쉬워진다. 여유 있게 복습하면 공부한 내용이 완전히 자기 것이 된다. 이 리듬을 유지하는 것은 좋은 성적을 얻는 최고의 비결이다.

복습의 방법은 여러 가지가 있지만 가장 좋은 것이 수업 직후 복습이다. 수업이 끝나면 3분 정도 집중해서 그날 수업한 것을 빈 노트에 적어보는 것이다. '3분 출력하기'를 하면 기억이 사라지는 것을 방지할 수 있다.

공부는 기억이 핵심이다. 아무리 창의 교육이나 융합 교육이 강조되어도 기본 지식이 없다면 창의나 융합 사고를 하기는 힘들 것이다. 기억하는 것이 있어야 다른 지식이 거기에 따라붙어 눈덩이를 굴리듯 키워나갈 수 있다.

그러므로 복습은 한 번에 끝내선 안 된다. 한 번 복습으로 다 이해하고 기억하는 사람은 없다. 그러므로 반복(복습) 횟수를 늘려야 한다. 우선 수업 직후 복습을 해야 하고, 방과 후에 한 번 더 복습을 해줘야 한다. 이렇게 하면 두 번 복습하게 된다. 하지만 최소 4번 정도는 복습해야 자기 것이 된다.

망각으로부터 기억을 지켜내기 위한
가장 효과적인 방법은 복습이다.
학습한 내용을 잊지 않고
장기 기억하기 위해서는
10분 후 복습, 1일 후 복습,
1주일 후 복습, 1달 후 복습이
꼭 필요하다.

에빙하우스

반복의 가치를 아는 사람은 이미 자기주도학습을 할 준비가 되어있거나 이미 자기주도학습자다. 복습을 잘해야 순조롭게 예습으로 이어질 수 있다. 지난 수업에 배운 내용을 잘 모르는 사람이 내일 수업할 내용을 미리 예습한다면 잘 할 수 있을까? 당연히 예습하는 동안 힘이 들 것이고, 몇 번 하다가 포기하게 될 것이다.

하지만 힘이 들더라도 예습-수업-복습-복습-복습-복습의 황금주기를 잘 지켜나가다 보면 어느 순간 공부의 궤도에 오른 자신을 발견할 것이다. 복습은 '3SR2E(천천히 제대로 읽기, 106쪽 참고)' 방법을 활용하여 배운 부분을 잘 읽고, 출력하기를 통해 노트에 적어보는 것을 실천하면 된다.

'예습–수업–복습'의 황금주기를 지켜나가라. 예습은 수업에 집중하고 잘 활용하게 하고, 수업에 집중은 복습의 효과를 극대화한다. 복습은 한 번으로 끝내서는 안 되고 4번 이상 시간 간격을 두고 진행한다.

완전학습의 중요성

모르는 것을 그냥 넘어가지 말아야 한다

공부를 어려워하는 학생의 원인을 추적해보면 아주 사소한 것이다. 그것은 바로 '모르는 것을 그냥 넘어갔다'는 것이다. 모르는 것이 쌓이면 얼마 못 가 배워야 할 것들이 많아지고 공부에 흥미를 잃게 된다. 따라서 공부를 할 때 모르는 것이 나오면 바로바로 알고 넘어가야 한다.

학생은 공부의 주인이므로 자신이 아는 것이 무엇이고 모르는 것이 무엇인지 정확하게 구별해서 알고 있어야 한다. 모르는 것을 대충 아는 체하며 넘길 것이 아니라 제대로 알고 넘어가는 습관을 갖자.

그날 수업에서 배운 것을 잘 아는 것, 이것이 자기주도학습의 출발이다. 제대로 알고 이해하는 완전학습을 지향할 때 자기주도학습에 가까워질 수 있다.

공부는 정확하게 해야 한다. 개념을 정확하게 이해하고, 단어나 어휘의 뜻을 제대로 알고 넘어가야 한다. 수학 문제를 푼다면 제대로 알고 풀었느냐가 중요하지, 답을 맞혔느냐가 중요한 것이 아니다.

공부에서 성과를 내려면 '개념 이해'에 충실해야 한다. 그러려면 우선 책(교과서)을 읽을 때 천천히 읽어야 한다. 빨리 읽으면 무슨 내용인지 이해하기 어렵고, 이해하지 못하면 기억을 잘할 수 없기 때문이다.

교과서는 대부분 비문학으로 이뤄져 있다. 중학교 교과서를 보면 몇 줄만 읽어도 내용이 쉽지만은 않다는 것을 알 것이다. 학생들이 어려운 교과서를 잘 소화하려면, 천천히 여러 번 읽어야 한다. 읽는 과정에서 모르는 단어나 어휘 등은 사전 등을 통해서 제대로 확인하고 넘어가야 한다. 물론 기본기가 잘된 학생이라면 공부의 흐름이 끊기지 않도록 단어의 뜻을 유추해 보면서 그냥 계속 읽어나가는 것도 좋다.

퀴리 부인으로 잘 알려진 마리 퀴리는 딸 이레네가 어렸을 때 직접 가르쳤다. 물리 등 다양한 과목을 가르쳤는데, 어느 날 마리 퀴리는 딸에게 이런 얘기를 했다. "공부는 양을 적게 하되, 그 대신 끝까지 파고들어야 한다. 제대로 알지 못한 채 넘어가서는 절대 안 되는 거야." 제대로 공부를 쌓아간 이레네는 훗날 어머니 마리 퀴리를 이어 노벨상을 받았다.

마리 퀴리

"공부는 양을 적게 하되,
그 대신 끝까지 파고들어야 한다.
제대로 알지 못한 채 넘어가서는 안 된다."

공부량은 적게, 대신 끝까지 파고들어야 한다

교과 내용을 잠깐 읽고 제대로 이해하지 않은 상태에서 문제부터 풀게 되면, 틀리는 것도 많이 나오고, 짜증이 나서 재미도 없고, 공부 의욕도 떨어진다. 교과서나 참고서의 내용을 여러 번 천천히 읽으면서 '내용을 확실하게 이해하도록 완전학습'을 지향해야 한다.

완전학습은 학습의 동기를 높여준다. 확실하게 알면 재미가 생긴다. 그러면 공부를 더 열심히 하게 된다. 완전학습의 습관을 익히는 좋은 방법이 '3SR2E'다. 후반부에 나오는 연습 노트를 활용해 훈련하다 보면 자연스레 완전학습 습관이 길러진다.

이해가 안 되면 반복해서 듣거나
문제를 계속 풀어보면서
다양하게 사고하고 실패를 경험하면서
완벽하게 익혀야 한다.

살만 칸

자기주도학습 포인트

그날 수업에서 배운 것을 잘 아는 것, 이것이 자기주도학습의 출발이다. 제대로 알고 이해하는 완전학습을 지향할 때 자기주도학습에 가까워진다. 완전학습의 습관을 익히는 좋은 방법이 '3SR2E'이다.

집중력과 몰입

몰입 중에는 시간의 경계를 느끼지 못한다

공부가 재미있는 학생은 집중을 통한 몰입을 많이 체험한 학생이다. 공부뿐만 아니라 다른 일에서도 집중을 체험해본 사람은 알 것이다. 집중 상태에서 진정한 기쁨과 보람이 느껴진다는 것을.

몰입은 고도의 집중된 상태이며, 몰입 중에는 시간의 경계를 느끼지 못한다. 가령 공부를 조금 한 것 같은데 여러 시간이 흘러서 놀란 경험을 한 학생은 아마도 이 말뜻을 잘 알 것이다. 공부가 깊은 단계로 나아가기 위해서는 반드시 몰입을 체험하고, 그것을 꾸준하게 반복해야 한다. 그전까지는 공부의 맛을 알았다고 말하기는 어렵다.

뉴턴이 만유인력 법칙을 발견했을 때, 여러 사람이 어떻게 그런 발견을 할 수 있었느냐고 물었다. 뉴턴은 그 물음에 "내내 그 생각만 했으니까…"라고 답했다. 이것이 몰입의 전형적인 예다.

몰입에 들어가기 위해서는 집중해야 한다. 어떤 문제를 해결하려 한다면, 생각의 끈을 놓치지 말고 그 문제에 대해 생각하고 궁리해야 한다. 하루가 지나기 전에 해결할 수도 있고 며칠이 걸릴 수도 있다. 이런 과정을 통해 생각하는 힘이 길러지고 좀 더 어려운 문제들도 해결할 능력이 만들어진다.

고양이가 쥐를 잡기 위해 달리는 모습을 상상해보자. 고양이는 쥐를 잡기 위해 온 힘을 다하고 쥐는 도망가기 위해 온 힘을 다한다. 둘 다 딴생각을 하면 목적한 바를 이룰 수 없다. 따라서 고양이와 쥐는 고도의 집중 상태에 있다. 하나의 생각에 집중하고 있는 것이다. 이렇게 생각을 집중하여 시간과 함께 흐르면 고도의 몰입 상태에 빠지게 된다.

이런 상태에서 자기 능력의 최대치가 나온다. 고도의 집중을 해야 자기 능력이 극대화되는 것이다. 뉴턴이 생각을 거듭하는 고도의 집중을 통해 만유인력 법칙을 발견한 것도 비슷한 이치다.

따라서 평소에 집중하는 공부를 하지 않으면 시간만 흐르고 공부의 능률이 오르지 않아 성과가 작고 그러다 보면 공부가 재미없게 느껴진다. 공부는 대부분 생각을 통해 이뤄진다. 생각하는 힘을 키워나가는 것이 공부 능력을 키워나가는 것이다.

큰 목표를 작은 목표로 나누면 집중력을 발휘할 수 있다

10분 동안 생각했는데도 수학 문제를 풀지 못했다고 하자. 이때 해답을 보거나 선생님이나 친구에게 묻지 않고, 그 문제에 대해 매일 10분씩 집중적으로 생각하는 시간을 가진다면 어떻게 될까? 혼자 힘으로 문제를 풀 수 있을 뿐만 아니라, 수학 문제 해결 능력이 확연하게 증대될 것이다. 그리고 생각하는 시간의 한계도 20분, 30분으로 더 늘어날 것이다. 따라서 각자 수준과 능력에 맞게 규칙적으로 꾸준히 생각하는 시간을 갖는 것이 중요하다. 그렇게 하다 보면 어느 순간 느닷없이 문제를 해결하는 체험을 하게 될 것이다.

다른 과목도 마찬가지다. 하루에 한 가지의 주제를 정해서 메모지에 적어서 가지고 다니면서 생각하는 훈련을 해보자. 암기나 이해 능력이 향상될 뿐만 아니라 집중력과 문제 해결 능력 등 공부에 필요한 요소들이 총체적으로 개발될 것이다.

배우고 생각하지 않으면
눈먼 장님과 같다

공자

공부목표 설정도 집중에 도움이 된다. 그날 공부목표를 정하면 어떻게 공부할 것인지 과정을 상상해보자.

예를 들어 "오늘 영어 1~3과를 모두 공부해야 해"라고 생각하는 것보다 "일단 5시 반까지는 2과까지 공부하고 잠깐 휴식을 해야겠어. 그다음 6시부터 3과를 해야지"라고 계획을 세워보자. 그러면 부담스럽고 압박으로 다가왔던 공부가, 작고 성취하기 쉬운 것들로 바뀌게 된다. 큰 목표를 작은 목표로 나눠놓으면 공부할 의지도 더 생기고 목표를 달성하기 위해 더 큰 집중력을 발휘할 수 있다.

자기주도학습 포인트

공부가 깊은 단계로 나아가기 위해서는 반드시 몰입을 체험하고, 그것을 꾸준하게 반복해야 한다. 공부는 대부분 생각을 통해 이뤄진다. 생각하는 힘을 키워나가는 것이 공부 능력을 키워나가는 것이다. 따라서 각자 수준과 능력에 맞게 규칙적으로 꾸준히 생각하는 시간을 갖는 것이 중요하다.

방학 자기주도 공부법

　지방 교육지원청에서 초중학생을 대상으로 책쓰기 프로그램을 진행한 적이 있다. 그 수업에서 주제를 제시하지 않고 각자 자신이 쓰고 싶은 이야기를 자기 마음대로 쓰도록 했다. 모두 열심히 자신만의 이야기를 써 내려가기 시작했다. 그런데 한 중학생이 한숨을 쉬며 심각한 표정으로 앉아 있었다.

　나는 그 학생에게 다가가서, 무슨 문제가 있는지 물었다. 그랬더니 "선생님, 전 쓸 게 없어요." 하는 것이다.

　그래서 학생과 이런 저런 얘기를 나누었다. 그러다 이렇게 물었다.

　"너는 중학교 들어와서 공부가 어땠어? 성적은 괜찮아?"

　그랬더니 웃으면서 "첫 시험에서 국어 40점 맞았습니다"라고 했다. 국어가 40점이라면 다른 과목은 물어보나 마나일 것 같았다. 그래서 다시 "너는 왜 그렇게 성적이 안 좋았지? 이유는 알아냈어?"라고 물었더니 "네, 제가 초등학교 때 책을 많이 안 읽어서 어휘력과 배경지식이 부족하여 공부를 못하게 되었습니다"라고 말하며 자못 진지한 표정을 지었다. 마치 모범 답안을 이미 알고 있다는 듯 여유 있는 답변이었다.

　"그래, 그럼 지금은 어때?"

　"지금은 잘 해요. 잘하고 있어요."

지금도 힘들다는 대답이 나올 줄 알았는데, 의외의 대답에 호기심이 생겼다.

"그래? 무슨 계기가 있었을 것 같은데?"

"네, 계기가 있었죠. 1학기 기말고사가 끝나고 국어 선생님께서 책을 빌려오라고 하셨어요. 시험도 끝났으니 이제 방학할 때까지 수업시간에 책을 읽을 계획이라며 다들 도서실에서 책을 빌려오라는 거예요. 그래서 친구들이랑 도서실에 가서 아무 책이나 빌렸어요. 사실 제목도 잘 안 보고 빌려왔어요. 저는 책 읽는 거 별로 안 좋아하거든요. 그래서 초등학교 때도 책을 별로 안 봤어요. 그런데 친구들과 함께 수업시간에 책을 보니까 집중이 잘 되는 거 같았어요. 《그림자 아이들》이라는 책인데 내용도 재미있고 인상적이었어요. 그래서 수업이 끝났는데도 계속 읽었어요. 쉬는 시간까지 읽다 보니 그날 책을 다 읽게 되었어요."

"와우, 대단한데. 그래서 책을 계속 읽게 된 건가?"

"책을 다 읽었는데 그 책이 시리즈였던 걸 알게 됐어요. 총 7권짜리더라고요."

"그런데 1권을 다 보고 나니까 2권 내용이 궁금한 거예요. 그래서 나머지 책도 빌려다 보았어요. 그렇게 방학이 시작할 때까지 모두 다 읽었어요."

"그럼, 방학 때는 어떻게 했어? 책을 더 많이 읽은 거야?"

"그게 그렇진 않고요. 방학이라서 책을 좀 더 읽어 보려고 했는데 집에 책이 하나도 없는 거예요. 그래서 '아, 우리 집엔 책이 정말 없구나!' 했죠. 그래서 다른 방법을 찾았어요. 1학기 국어 교과서를 읽기로 했지요."

"오, 좋은 선택을 했네. 하지만 교과서 읽기가 쉽지는 않았을 텐데."

"네, 정말 그랬어요. 분명히 1학기 때 배운 내용인데 다 처음 보는 것 같았어요. 내용도 어려워서 동화책 보는 거랑은 많이 달랐어요. 읽는 속도도 느리고. 15분 정도 읽으면 집중력에 한계가 왔어요. 머리가 아파서 더 읽을 수가 없었어요."

"그럴 땐 어떻게 했어? 머리가 아파서 읽기 힘들 때."

"음, 그럴 땐 멈췄어요. 일단 쉬어야죠. 그런데 머리가 아프긴 했지만 책이 재미도 있었어요. 그래서 놀다가 편안해지면 또 읽고 그랬어요. 그러다 보니 한번에 읽는 시간이 점점 길어졌어요. 20분 정도 읽으면 머리가 아파지는 거죠. 그러면 또 쉬어요. 그런 식으로 계속 읽다보니 어느덧 교과서를 다 읽게 되었어요."

"그럼, 그렇게 국어 교과서를 다 읽고 나서는 뭘 읽었어?"

"딱히 읽을 만한 책이 없었기 때문에 그냥 국어책을 한 번 더 읽었어요. 그런데 한 번 더 읽는데도 재미가 있더라고요. '아, 책은 이렇게 두 번 읽어도 재미가 있는 거구나'라는 걸 알게 됐죠. 그래서 그렇게 읽다 보니 한 번 더 읽게 되고, 또 읽게 되고 결국 8번을 읽었어요."

"그렇게 여러 번 읽으면 기억도 잘 났겠네."

"네, 기억도 잘 나고 이해도 잘 됐어요. 사실 제가 국어는 포기했었거든요. 그런데 2학기부터는 방학 때 했던 방법으로 교과서를 계속 반복해서 읽었어요. 그랬더니 점수가 점점 오르더니 기말고사 때는 90점이 넘었어요. 그래서 공부에 대한 자신감도 많이 생겼고, 다른 과목도 그렇게 여러 번 읽었습니다."

이 학생은 우연한 기회에 방학을 이용해 국어 교과서를 8번 읽었는데, '천천히 제대로 읽기'의 효과를 직접 체험하고 공부 방법까지 알아버린 것이다. 이 학생이 알아낸 공부 비법은 이미 널리 알려진 것이다. 하지만 자기가 직접 체험하기 전까지는 그 사람의 것은 아니다.

많은 학생이 반복 학습과 예습, 복습의 중요성을 알고 있지만, 그것을 실천하는 학생은 많지 않다. 자기가 직접 경험해보지 않아서다.

방학은 자신의 자기주도학습 능력을 개발하기에 좋은 시기다. '천천히 제대로 읽기(3SR2E)' 방법으로 1학기 복습을 한다거나 다음 학기 예습을 한다면 학습에서 분명한 효과를 경험할 것이다.

앞의 사례에서 나온 학생처럼 실력이 많이 부족한 학생은 지난 학기 책을 여러 번 천천히 읽기를 권한다. 한 번 배운 내용이므로 다음 학기 내용을 읽는 것보다는 어렵지 않을 것이다. 이 학생처럼 여러 번 반복해서 읽으면, 자연스럽게 공부 방법을 터득할 수 있고, 그러면 공부가 훨씬 쉽고 재미있을 것이다.

비대면으로 혼자 공부하는 방법을 터득하게 되면 공부에 집중할 수 있어 시간에 쫓기지 않고 여유 있게 공부할 수 있게 된다. 그렇게 방학 때 혼자 공부하는 법을 익히게 되면 학기 중에도 수업을 주도적으로 참여하게 되고 공부 재미에 흠뻑 빠지게 될 것이다.

┌─ 자기주도학습 포인트 ─

방학은 자기주도학습 능력을 개발할 수 있는 좋은 때이다. 교과서나 참고서로 이전 학기 복습을 하거나 다음 학기 예습을 한다면, 학습에서 분명한 효과를 경험할 것이다.

그날 공부한 내용을 표현해보도록 힘써야 한다.

표현하는 방법은 말로 설명하거나 글로 적어보는 것이다.

표현할 때 공부가 완성된다.

지식을 입력만 할 것이 아니라 반드시 출력해서

확인하는 시간을 가져야 한다.

PART 2

자기주도학습, 멘탈 관리가 먼저다

. . .

자기주도학습을 꾸준하게 잘해 나가려면 멘탈 관리가 중요하다. 적절한 휴식과 마음의 충전이 꼭 필요하다. 파트2는 우리의 정신과 마음을 관리하는 방법을 알아보고 실천하는 장이다. 이 책의 구성상 파트3을 먼저하고 파트2는 나중에 하거나 파트2와 파트3을 병행하면서 훈련해도 문제없다.

목표
명확한 목표는 흔들림을 멈추게 한다

"한 걸음 한 걸음 나아가는 것. 어떤 일을 하든지 목표를 달성하는 데 이보다 더 뛰어난 방법은 없었다. 나는 언제나 '최고가 된다'는 궁극적인 목표를 가지고 있었다. 하지만 무슨 일을 하든지 한 걸음씩 나아가기 위해 언제나 단기적인 목표를 세웠다. 지금 돌이켜 보니 각각의 단기적인 목표나 성공이 다음 목표를 이루어준 것 같다.

…중략…

내가 가고 싶은 길을 정확하게 알고 있었고, 그 길을 가는 데 집중했다. 내가 정한 목표들을 이루었을 때는 다음의 다른 목표를 세웠다. 나는 일단 목표를 세우고 그 목표에 충실할 때는 어떤 것도 두렵지 않았다."

— 마이클 조던, 〈I CAN'T ACCEPT NOT TRYING〉

사람이 어떤 일에 몰입하기 위해서는 목표가 분명해야 한다. 바둑이나 장기, 체스를 둘 때 매우 빨리 몰입하게 되는 경험을 다 가지고 있다. 그런 상황에서 몰입이 잘 되는 이유는 승리라는 분명한 목표가 주어져 있고, 규칙이 간단하며, 일의 진척도를 바로바로 파악할 수 있기 때문이다. 목표는 대상을 분명하게 해준다. 브라이언 트레이시는 그의 책에서 "목표를 설정하고 그것을 성취하기 위한 계획을 세우는 능력이 바로'성공의 핵심 기술'"이라고 말하기도 했다. 강렬

10대를 위한 자기주도학습 실천 노트

한 목표를 갖고 그것을 향해 뛰는 것이 성공한 사람들의 필수적인 특징이라는 사실이 각종 연구 사례에서 밝혀졌다.

목표가 명확하지 않으면 명확하지 않은 결과가 나올 수밖에 없다

성공학의 거장 나폴레온 힐은 그의 철학을 정리하고 집대성하는 데 20년 이상의 세월을 보냈다고 한다. 그 과정에서 20,000명 이상의 사람들을 분석하고 연구하였는데 그중 눈길을 끄는 통계 자료가 있다.

20,000명 중 5%만이 성공한 사람들로 분류되었고 나머지 95%는 그렇지 못했다. 통계 자료에서 밝혀진 사실 중 하나는 성공하지 못한 95%의 사람들은 공통적으로 '명확한 목표'가 없었다고 한다. 반면에 성공한 5%의 사람들은 명확한 목표와 그에 따르는 명확한 계획을 가지고 있었다. 또한 5%의 사람들은 저축하는 습관이 있었으며 95%의 사람들은 그렇지 않았다고 한다.

즉, 성공하는 사람들은 명확한 목표와 그것을 이루기 위한 명확한 계획이 있었으며, 목표 달성을 위해 저축하며 준비하는 데 집중하였다는 것이다.

여기서 중요한 것은 '명확한 목표'의 가치이다. 많은 사람에게 목표가 무엇이냐고 물어보면 '부자가 되고 싶다'거나 '경제적인 자유를 갖고 싶다'고 말한다. 과연 이러한 것은 목표라고 할 수 있을까?

학생들은 '공부를 잘하고 싶다'거나 '좋은 성적을 받고 싶다'는 것을 목표로 얘기하는 경우가 많다. 마찬가지로 이것들은 목표가 될 수 있을까?

이 물음은 '과연 이 목표가 명확한가?'라는 기준에 비춰보면 알 수 있다. **목**

자기주도학습, 멘탈 관리가 먼저다

표가 명확하지 않으면 명확하지 않은 결과가 나올 수밖에 없다. 공부를 잘하고 싶다거나 부자가 되고 싶다는 것은 막연한 바람에 불과하다. 그러므로 목표를 세울 때는 '명확'하고 '구체적'으로 세우는 것이 중요하다.

막연한 '바람'을 목표라고 착각하고 살아간다면 과녁에 맞출 화살을 엉뚱한 곳에 쏘듯이 힘과 에너지를 분산시키고 말 것이다.

목표를 정할 때는 신중하게 생각해서 정해야 하며, 정한 목표는 자주 볼 수 있도록 써서 붙여 놓거나, 가지고 다니는 것이 좋다. 그래야 목표가 나의 마음속에 깊이 자리잡아 변화를 실천할 수 있다.

10대를 위한 자기주도학습 실천 노트

목표 세우기

1 10년~20년 후 도달하고 싶은 삶의 목표는?

* 10년 후 내가 갖추고 싶은 삶의 모습은?

* 20년 후 내가 갖추고 싶은 삶의 모습은?

2 학습과 진로에서 올해 꼭 이루고 싶은 나의 명확한 목표는?

* 학습:

* 진로:

3 이번 달에 달성하고 싶은 공부목표는?
(과목별로 최대한 구체적으로 적는다)

4 2, 3번을 이루기 위해 내가 평소에 자주 실천하고 반복해야 할
중요한 일은?

①

②

③

④

⑤

현재에 충실하기
후회 없는 인생을 위하여

"애들은 자기가 죽는다는 생각을 안 해요. 나도 네 살 때까지는 그랬지요. 그런데 어느 날 어머니와 함께 가다가 그 생각이 잘못되었다는 것을 알았어요. 나는 울기 시작했습니다. 내가 죽는다는 것을 깨달았던 거지요. 그때 이후 나는 늘 좀 더 젊어지려고 노력했습니다."

– 수학자, 에어디시

죽음 앞에서 삶의 의미를 깨달은 도스토옙스키

1849년 12월 22일 새벽 28세의 도스토옙스키는 러시아 세묘노프 광장의 사형대 위에 반체제 혐의로 서 있었다. 그는 낡은 체제를 부수기 위해 독서 모임에 가입하여 사회 개혁 운동에 가담했으며 장래가 촉망받는 젊은 작가였다. 그가 24세에 쓴 첫 번째 작품인 〈가난한 사람들〉은 평론가들의 호평을 받았다. 하지만 농민반란을 기획하는 등 정교회와 통치 권력을 거스르는 괘씸한 표현으로 가득 찬 편지를 유포시켰으며, 다른 용의자들과 함께 사설 인쇄소를 통해 정부에 반대하는 서적을 유포했으므로 모든 권리를 박탈함과 동시에 8년간의 요새 유형에 처해진다.

그는 군사기지 감옥에 갇혀 있다가 12월 22일, 세묘노프 연병장에서 사형대로 향했다. 연병장에서는 이미 말뚝이 박혀 있었고 총을 가진 병사들이 일렬횡대로 정렬해 있었다. 죄수들이 두 줄로 자리잡자, 집행관이 사형 선고문을 읽었다. 도스토옙스키는 자신의 귀를 의심했다. 사형이라니? 죄수들의 얼굴에 두건이 씌워졌다. 그리고 집행관이 총을 겨누었다. '철컥' 탄환을 장전하는 소리가 그의 귀를 뚫고 심장을 파고들었다. 순간, 어릴 적부터 그를 괴롭히던 발작 증상이 엄습했다. 잠시 사형집행이 중지됐다.

그런데 바로 그 순간 "멈추시오, 형 집행을 멈추시오!"라 외치며 한 병사가 흰 수건을 흔들며 형장으로 달려왔다. 사격 중지를 알리는 신호였다. 이들은 죽음의 낭떠러지에서 가까스로 벗어나게 된 것이다.

"법에 의해 사형을 당해야 마땅한 죄인들을 황제 폐하께서 한없는 너그러움으로 특별히 사면하셨다. 사형대신 유배를 보내라는 명령이다."

사실 이것은 황제가 반역을 주도한 자들에게 겁을 주기 위한 연극이었다. 하지만 도스토옙스키는 이 사건을 결코 잊지 못했다. 그는 죽음 앞에서 삶의 가치를 깨달았다. 그는 무의미한 삶을 보내고 있던 자신에게 신이 이러한 재앙을 내렸다고 생각했다. 죽음의 문턱에서 돌아온 그날 밤 형에게 편지를 썼다.

"형, 나는 기운을 잃지도, 정신을 잃지도 않았습니다. 어느 곳에서의 삶이든 그것 역시 삶이고, 삶은 우리들 자신 속에 있는 것이지 결코 외부에 있는 것이 아니라는 것을 깨달았습니다. 어떤 재난이 몰아닥친다 해도 의기소침하지 않고 흔들리지 않는 것, 그것이 인생이고 바로 거기에 인생의 과제가 있는 것 아니겠습니까? 나는 이 점을 깨닫게 되었습니다. 이런 생각이 나의 살과 피가 되었습니다. (중략) 지금 이 순간, 나는 과거에 만났던 모든 사람을 기꺼이 사랑하고 포용할 수 있을 것 같습니다. 오늘 죽음과 대면하고 소중한 사람들에게 작별을 고할

자기주도학습, 멘탈 관리가 먼저다

때가 되어서야 그런 사실을 깨달았습니다. 과거를 되짚어볼 때 아무런 가치도 없는 일에 얼마나 많은 시간을 허비했었는지요. (중략) 삶은 행복입니다. 매 순간이 행복의 시간이 될 수 있습니다."

사형집행을 면제받은 도스토옙스키는 성탄절 밤, 쇠사슬에 묶인 채 시베리아의 옴스크 유형지로 이송됐다. 그러나 시베리아에서 보낸 4년의 수용소 유배생활은 그의 인생에서 가장 값진 시간이 되었다. 몇 달 전만 해도 모든 것에 불쾌해하고 근심하며 길을 잃고 방황하던 모습은 찾을 수 없었다.

혹한 속에서 무려 5kg나 되는 족쇄를 매단 채 지내면서도 그는 창작활동에 몰두했다. 글쓰기가 허락되지 않았던 유배생활이었지만 시간을 낭비할 수 없어 종이 대신 머릿속으로 소설을 쓰기 시작했고 그것들을 외워버리기까지 했다.

유배생활을 마친 후 세상 밖으로 나온 도스토옙스키는 인생은 5분의 연속이란 각오로 글쓰기에 매달렸고 1881년 눈을 감을 때까지 수많은 불후의 명작을 발표했다.

…

누구에게나 이 세상에서 허락된 시간이 있다. 그 시간이 지나면 미련 없이 이 세상과 작별하여야 한다. 그래서 우리는 매일 매일 주어지는 소중한 시간을 아낌없이 후회 없이 사용해야 한다. 만약 우리가 죽음에 대해 전혀 의식하지 않고 산다면 그만큼 우리의 삶은 진지하지 않게 된다. 의무감으로 사는 사람에게 보람과 행복이 뒤따라올 리 없다.

죽음을 의식한 삶과 그렇지 않은 삶은 전혀 다른 삶이다. 죽음을 의식하게 되면 매 순간 깨어 있게 되고 본질을 볼 수 있게 된다. 또한 현재에 감사하게 된다. 살아 있다는 것은 참으로 감사한 일이며 하나의 기적이다. 이러한 문제의식으로 삶을 바라본다면 보다 더 현재에 최선을 다하게 된다.

사실 유한한 인생에서 최선을 다하는 행위들은 모두가 다 공부다. 최선을 다한다는 것은 몰입으로 가고 있다는 뜻이다. 공부가 힘들거나 나태해지는 자신을 발견할 때 이 세상에서 한정된 시간을 오늘도 소비하고 있다는 생각을 해보자. 가치 있는 나를 만들기 위해 어떻게 할 것인지도 고민해보자.

후회하지 않는 삶 & 최선을 다하는 삶

마지막 순간에 후회하지 않는 삶이 되려면 오늘 최선을 다하는 삶을 살아야 합니다.
후회하지 않는 삶을 위해 나는 무엇을 추구하며 살아야 할까?
최선을 다하는 삶을 위해 내가 날마다 실천해야 할 소중한 가치를 적어보세요.

예) 시간을 낭비하지 않고 아껴 쓴다. 시간 계획을 잘 세우고 점검한다.

1

2

3

4

5

6

감사
감사하면 달라지는 것들

"나한테 감사를 가르쳐준 가장 훌륭한 선생님은 우리 할머니야. 어릴 때 우리 집은 가난해서 항상 없는 게 많다고 불평했거든. 그때마다 할머니는 항상 감사해야 한다고 가르쳐주셨지. 아무리 힘들어도 잘 생각해보면 가진 게 많다는 걸 깨우쳐 주시려는 말씀이었어. 감사할수록 축복도 더 커진다는 것을 말이야.

어렸을 때는 할머니가 틀린 거라고 생각했지만, 나이가 들면서 감사할수록 일이 더 잘 풀린다는 사실을 알게 됐어. 감사하지 않으면 일이 엉망진창이 돼버리거든."

-M.J. 라이언, 〈감사〉

세 그룹으로 나누어 실행한 감사 실험

A그룹: 일주일 동안 감사하다고 생각한 일 5가지씩 매일 적기

B그룹: 일주일 동안 불만스러운 일 5가지씩 매일 적기

C그룹: 일주일 동안 자신에게 일어난 중요한 일 5가지씩 매일 적기

실험 결과 A그룹이 다른 그룹보다 훨씬 건강하고 행복한 생활을 했다.
감사한 일을 세어보고 적는 것만으로도 행복해질 수 있다.

자기주도학습, 멘탈 관리가 먼저다

감사에는 어떤 원리가 숨겨져 있기에
우리 인생을 밝은 쪽으로 인도하는 것일까

고마운 분을 생각하고 그 사람에게 일주일 내로 감사 편지를 전달하는 실험을 했다. 편지 내용은 고마운 분께 무슨 일을 했고, 그 덕분에 어떤 것이 도움되었는지 구체적으로 세세하게 기록하도록 했다.

이 실험은 기대 이상의 효과가 있었는데, 편지를 준 사람이나 받은 사람 모두 행복과 감격을 맛보았다. 감사 편지의 효력은 한 달이 지나도 계속되었다고 한다.

"범사(모든 일)에 감사하라"는 성경 말씀은 널리 알려져 있다. 하지만 아침에 일어나서 잠들기까지 우리가 하루에 감사한 것들은 얼마나 될까? 감사를 실천한 이들은 그들의 삶에 많은 긍정적인 일들이 있었다고 증언한다. **그렇다면 감사에는 어떤 원리가 숨겨져 있기에 우리 인생을 밝은 쪽으로 인도하는 것일까?**

UC데이비스의 심리학 교수인 로버트 에몬스는 실험을 통해 "감사하는 사람은 훨씬 생동감 있게 생활하고, 매사에 적극적이고 열정적이며, 다른 사람들과 더 맞닿아 있다고 느낀다"고 했다.

그는 12살에서 80살 사이의 사람들을 상대로 실험을 했다.

A그룹에는 감사 일기를 매일 또는 매주 쓰도록 하고, B그룹에는 그냥 아무 사건이나 적도록 했다.

한 달 후 중대한 차이가 발생했다. 감사 일기를 쓴 사람 중 4분의 3은 행복지수가 높게 나타났고, 수면이나 일, 운동 등에서 더 좋은 성과를 냈다. 그저 감사했을 뿐인데 뇌의 화학구조와 호르몬이 변하고 신경전달물질들이 바뀐 것이다. **감사함을 느끼는 순간 사랑과 공감 같은 긍정적 감정을 느끼는 뇌 좌측의 전전두**

피질이 활성화된다고 한다. 심리학자들은 이를 '리셋(reset, 재설정)' 버튼을 누르는 것과 같은 효과라고 설명한다. 감사가 인간이 느끼는 가장 강력한 감정이라는 것이 확인된 셈이다.

...

우울, 불안, 짜증 등으로 생활이 힘들다면 그러한 감정들에서 잠시 벗어나 보려는 노력이 필요하다. 우선 나에게 감사한 것이 있는지 한번 찾아보기 바란다. 아무리 불행한 사람이라도 찾아보면 아직 감사한 것들이 많이 있다는 것을 깨닫게 될 것이다.

감사는 부정적인 감정을 사라지게 하는 밝은 빛이다. 감사하게 되면 내가 혼자가 아니라 온 세상 만물과 연결되어 있다는 느낌을 강하게 갖게 된다. 삶의 번민과 고통은 혼자라는 생각, 고립감에서 더욱 커진다. 극대화된 고독은 두려움과 슬픔의 감정을 동반한다.

행복은 기분 좋은 상태가 아니라 고통과 두려움이 없는 상태이다. 감사는 우리를 그곳으로 데려다준다.

감사 노트

date　　.　.　.

감사한 마음이 중요한 이유는 무엇인가?	**1** **2** **3** **4** **5**
감사한 일과 감사한 분	예1) 환경미화원 아저씨 - 깨끗한 거리를 만들어주셔서 기분이 상쾌해짐. 예2) 학원 가는 시간이 늦었는데 마을버스가 바로 와서 늦지 않을 수 있었다. **1** **2** **3** **4** **5** **6** **7**

자기회복력
실패를 다르게 바라보기

"좌절이나 역경은 그것을 배움의 기회로 여기는 사람에겐 실패가 아니다. 사실 모든 패배, 모든 좌절에는 위대하고 영구적인 교훈이 들어있다. 그 교훈은 패배가 아니고서는 얻을 수 없는 것이다."

— 나폴레온 힐

감옥을 성장의 장소로 생각한 만델라

만델라가 시련을 이겨내고 남아프리카공화국의 대통령이 될 수 있었던 것은 그의 영혼을 자유롭게 만들었기 때문이었다.

1990년 2월 11일 넬슨 만델라가 28년 만에 출옥하던 날, 전 세계는 이목을 집중했다. 다들 인생의 3분의 1을 감옥에서 보낸 그의 건강에 관심을 가졌다. 과연 72살의 그가 건강한 모습으로 감옥 문을 나설까? 28년 동안 억울한 옥살이를 했으니 분노와 화로 병이라도 걸리진 않았을까? 혹시라도 폐인처럼 되지 않았을까? 휠체어나 구급차를 타고 나타나는 것은 아닐까?

하지만 그런 세상의 걱정과는 달리 만델라는 그의 출옥을 환영하기 위해 나온 사람들에게 밝고 환한 모습으로 인사했다. 70세가 넘는 나이에도 밝고 건강해 보이는 그의 모습을 보고 다들 깜짝 놀랐다. 그 모습을 보고 기자가 질문했다.

"다른 사람은 5년만 감옥살이를 해도 건강을 잃는데, 어떻게 28년간 옥살이를 하고서도 이렇게 건강하십니까?"

만델라는 환한 얼굴로 웃으며 대답했다.

"저는 교도소에서 언제나 하느님께 감사했습니다.

하늘을 보고 감사하고,

땅을 보고 감사하고,

물을 마시며 감사하고,

음식을 먹으며 감사하고,

강제 노동을 할 때도 감사하고,

늘 감사했기 때문에

건강을 지킬 수 있었습니다.

제게 있어 교도소는 저주의 장소가 아니라

성장을 위한 소중한 장소였습니다."

만델라는 교도소 마당 한구석에 채소밭을 일구게 해달라고 부탁해서 허락을 얻었다. 양파와 같은 채소를 심고 묘목을 구해 나무도 심었다. 새싹이 돋고 꽃을 피우는 식물을 보면서 위안을 얻었다. 그는 밭을 가꾸면서 자신의 인생을 보았다. 한번은 실수로 묘목이 죽었을 때 그는 그 묘목을 캐내 물로 씻은 다음 정원 한 구석에 묻어 주었다.

그는 감옥에서 운동도 열심히 했다. 매일 권투 연습과 유산소 운동을 했다. 매일 감방 안에서 제자리 뛰기를 45분, 손가락 짚고 팔굽혀펴기 200회, 윗몸

일으키기 100회, 허리 굽히기 50회 이상을 실천했다.

만델라가 감옥을 고통의 장소가 아니라 자신의 성장을 위한 장소로 바라보고 감사한 마음을 갖자 그의 마음은 편안해졌고 감옥 안에서 할 수 있는 무수한 것들을 발견했다. 그는 수감생활 내내 감사의 마음을 생활화했다. 그가 원망과 분노로 매일 살았다면 병이 들었거나 건강을 유지할 수 없었을 것이다. 석방 전에 죽음을 맞이했을지도 모를 일이다. 하지만 그는 감사로써 마음의 평화와 자유를 누릴 수 있었다. 출옥한 후에도 그 마음을 유지하고 실천하려고 노력했다.

나의 고난을 어떤 관점으로 볼 것인가

1946년 미국의 하버드대학 학생들이 자신이 겪은 어려움에 관한 글을 작성했다.

학자들이 그 글을 분석하여 학생들이 자신의 고난에 대해서 어떤 관점으로 설명했는지 조사한 후 5년 간격으로 그들의 건강 상태를 확인하고 기록했다.

그 결과 대학 시절에 자신의 어려움을 부정적인 관점에서 바라보며 설명했던 학생들은 중년기부터 질병에 시달리기 시작했지만 긍정적이고 낙관적인 관점에서 바라봤던 학생들은 노년기까지도 활동적이고 건강한 생활을 하고 있음을 발견했다고 한다.

관점 바꾸기

어떤 어려움이나 단점 안에도 긍정적인 면이나 장점은 있기 마련이다. 또 관점을 바꾸면 약점은 강점으로 바뀐다. 그러기 위해서는 평소에 연습이 필요하다. 고난이나 약점에 감춰진 긍정적인 면이나 장점을 찾아보자.

단점이나 어려움	장점이나 기회로 바라보기
예1) 코로나로 학교나 학원에서 수업이 어려움 예2) 버스가 신호등마다 빨간불에 걸려 기분이 나쁨	예1) 혼자 공부할 수 있는 능력과 습관을 만드는 기회로 삼는다 예2) 버스가 출발할 때는 항상 1등으로 출발해서 기분이 좋음

몰입
공부에 흠뻑 빠지는 법

"연주 무대 위에 딱 서면 가장 중요한 게 저한테는 저 자신을 잊어버리는 것이죠. '나'라는 존재를 잊어버려야 좋은 연주가 가능한 것 같아요. 음악에만 집중을 하는 거죠.
연주할 때 제 손이 뭘 하는지도 몰라요. 그리고 알고 싶지도 않아요. 왜냐하면 내 손이 뭘 하는지 생각을 하는 순간에 음악하고 하나가 되는 그 연결 끈을 놓쳐요. 수많은 청중 앞에서 계속 떠올리는 것은 나 자신이 음악이 나오는 통로라는 것이죠."

– 장한나

몰입은 최고의 나를 만든다

몰입은 생각의 완급을 조절하며 앞으로 나아가는 창조적 과정이다. 몰입은 집착과는 다르며 걱정과 같은 부정적인 감정으로 들어가는 것도 아니다. 몰입은 긍정적인 감정을 바탕으로 생각의 세기를 조절하고 지속시켜 물음에 해답을 구하는 생각의 마라톤이다. 마라톤은 장거리 경기다. 100미터 경주처럼 짧은 시간에 승부가 나지 않는다. **자기를 바로 알고 관찰하며 자기에게 맞는 방법을 찾아 일정 기간 훈련을 통해 꾸준히 연습한다면 누구라도 몰입을 체험하고**

자기주도학습, 멘탈 관리가 먼저다

'최고의 나'를 만나게 될 것이다.

아이스링크에서 우아하고 편안한 모습으로 피겨 스케이팅을 하는 김연아 선수를 본 적이 있다면 '김연아 선수는 무대와 음악과 완전히 하나가 되는구나'를 느꼈을 것이다.

완벽한 연기, 완벽한 하모니, 누구나 바라는 경지다. 이 경지는 멈춰 있는 것이 아니라 시간의 흐름 속에서 함께 흘러가고 있다. 그 순간순간에 우리는 김연아 선수의 최고의 모습과 함께하는 것이다. 그 짧은 몇 분의 연기를 위해 얼마나 많은 시간을 연습하고 아파했을까? 또 얼마나 고민하고 연구하고 개발했을까? 우리가 만난 김연아 선수는 최고의 모습이었다. 그리고 최고의 선수가 되는 것은 수많은 시간 동안 몰입한 결과임을 우리는 알고 있다.

누구나 최고의 나를 꿈꾼다. 내 안에 잠든 최고의 나를 깨우는 방법은 무엇일까? 아직 한 번도 만나 보지 못한 '최고의 나', 자칫하다가는 그를 한 번도 못 만나고 생을 마감할지도 모른다. 그를 깨우는 마법의 주문이 있다면 한번 외워 보고도 싶다. 하지만 그런 방법은 없다. 그런 방법이 있다면 김연아 선수가 그리 오랜 세월 동안 수만 시간이 넘는 훈련을 고통 속에서 보내지 않았을 것이다.

방법이 있다면 오직 하나, '몰입'하는 것이다

방법이 있다면 오직 하나, '몰입'하는 것이다. 집중에 집중을 더하여 나를 온전히 잊고 최고의 나와 함께하는 시간. '최고의 나'는 나의 잠재력이 극대화되어 나타난, 나도 잘 모르는 최고 실력의 존재다. 평소의 일반적인 나와는 다른 존재로서 나의 능력이 극대치로 드러난 신(神)적인 존재라고 할 수 있다.

사람은 모든 가능성을 가진 존재이다. 우리가 우리의 가능성을 믿고 온전히 하나에 집중하여 몰입할 수 있다면 그것은 새로운 세계를 발견하는 일보다 더 큰 기쁨일 것이다. 이 세상에 아직도 발견되지 않은 미개척지가 많듯이, 우리 안에도 발견되지 않아 발휘되지 못한 많은 영역이 숨어 있다. 보석처럼 빛나는 가치들이 내 안에 담겨 있지만 우리가 흔들어 깨우지 않는다면 영원히 잠든 채 깨어나지 못할 것이다.

몰입은 나를 찾아 떠나는 여행이다. 여행을 통해 반짝반짝 빛나는 나를 만나 기쁨에 눈물 흘리며 환희에 차 감격하는 시간이다. 공부할 때도 몰입할 수 있다면 정보를 수집하고, 정리하고, 이해하고, 암기하는 능력은 급격히 향상된다.

몰입하는 체험을 하지 못하는 공부는 의무감과 쫓기는 마음, 남과 성적을 비교하는 데서 오는 불안감 등으로 공부의 참맛을 느낄 수 없게 한다. 그러므로 먼저 내가 몰입하여 공부하고 있는지, 집중하는 시간이 얼마나 되는지부터 점검해 보는 것이 좋다. 몰입은 공부에 대한 재미와 흥미를 높여주고, 자연스레 성적의 향상으로 인도한다.

결국 공부하는 동안이 피곤하고 짜증나는 고단한 시간이 아니라, 새로운 가치를 발견하는 기쁨의 연속이며 깨달음의 쾌감을 주는 꿀맛 같은 시간임을 단 한 번이라도 체험하게 된다면 공부의 달인이 되는 길도 멀지 않다.

자기주도학습, 멘탈 관리가 먼저다

몰입 노트

date　.　.　.

생각할 과제	*생각 과제 예1) 질병의 창궐은 어떻게 세상을 바꾸어 왔는가? 예2) 자율주행차가 일반화되면 직업 세계에 어떤 영향을 미칠까? 예3) 왜 물질과 문명이 발전하는데 빈부 격차가 커질까? 1 2 3
과제에 대한 나의 생각	1 2 3 4 5

10대를 위한 자기주도학습 실천 노트

자기조절력
나를 조절하는 힘

"내가 오직 한 가지를 후회하고 있고 앞으로도 후회하리라 생각하는 것은, 젊었을 때 나태하게 지내버린 시간이다."

– 필립 체스터필드

자기절제력과 유혹에서 벗어나기

단군신화에는 사람이 되기를 소원하던 곰과 호랑이가 나온다. 둘은 굴 안에서 마늘과 쑥을 먹으며 햇빛을 보지 말라는 환웅의 지시에 따른다. 곰은 자기가 하고 싶은 것을 뒤로 미루고 100일을 견디어내지만 호랑이는 이를 견디지 못하고 뛰쳐나갔다. 그 결과 곰만 사람(웅녀)이 되었고 환웅과 결혼하여 단군을 낳았다. 곰의 만족 지연능력, 자기절제력이 자신의 소망을 이루게 해준 것이다.

비슷한 사례로 우리가 알고 있는 〈마시멜로 이야기〉가 있다. 스탠퍼드대에서 1981년 다음과 같은 절제력에 관한 실험을 하였다.

선생님이 4살 된 아이들에게 마시멜로 사탕이 한 개 들어있는 접시와 두 개

들어있는 접시를 보여주고 지금 먹으면 한 개를 먹을 수 있지만 선생님이 돌아올 때까지 먹지 않고 있으면 두 개를 주겠다고 한다. 그러고는 마시멜로가 하나 들어있는 그릇을 아이 앞에 남겨놓고 방에서 나간다.

아이들의 반응은 선생님이 나가자마자 먹어버리거나, 참다 참다 중간에 먹어버리거나, 끝까지 참고 기다리는 3가지 반응을 보였다.

마시멜로를 먹지 않고 오래 참은 아이일수록 가정이나 학교에서의 생활에서 참지 못한 아이들보다 우수했고, 대학입학 시험(SAT)에서의 성취도 역시 우수했다.

인내하지 못한 아이들은 비만, 약물중독, 사회 부적응 등의 문제를 가진 어른으로 사는 경우가 많았고, 인내력을 발휘한 아이들은 성공한 중년의 삶을 살고 있는 경우가 많았다. 이것이 우리가 알고 있는 마시멜로 이야기의 첫 번째 실험 결과이다.

마시멜로 실험은 그 이후에도 두 차례 더 진행되었는데 두 번째 실험에서 가장 눈에 띄게 다른 점은 아이 앞에 남겨놓은 마시멜로 그릇에 뚜껑을 덮었다는 것이다. 단지 마시멜로를 덮어놓는 것만으로도, 즉 마시멜로를 직접 보지 않는 것만으로도 아이들이 기다리는 시간은 거의 두 배나 길어졌다. 마시멜로가 보이지 않는 환경에서는 더 잘 참아낸 것이다.

한 가지 특이한 사실은 기다리는 동안 재미난 생각을 하도록 지시받은 아이들은 마시멜로가 눈에 보이건 보이지 않건 큰 차이 없이 평균 13분 정도를 기다렸다. 반면 생각에 관해 아무런 지시도 듣지 않은 아이들은 첫 번째와 동일한 실험결과를 보였다. 즉, 기다리는 방법에 대해 코칭을 받아 기다리는 동안 다른 생각에 집중한 아이들은 그렇지 않은 아이들에 비해 자기절제를 더 잘해냈다.

이 실험에서 배울 수 있는 것은 유혹이 보이지 않도록 환경을 만들고 **공부(일)에 집중하면 유혹에서 쉽게 벗어날 수 있다는 것이다.** 공부를 방해하는 유혹 거리에서 벗어나는 방법을 찾아 미리 대비하면 큰 효과를 볼 수 있다.

학생 시절에 자기절제력이 높은 학생일수록 나중에 사회에 나가 성공하고 안정된 생활을 한다는 사실은 여러 연구를 통해 확인되고 있다. 친구와의 놀이나 게임에 대한 유혹이 있을 때, 이에 어떻게 대비할지 미리 생각해 놓으면 보다 쉽게 유혹에서 벗어날 수 있다.

유혹: 해야 할 일이 있는데 친구가 만나자고 하면?
대비: '오늘은 일이 있어서 다음에 만나' 혹은 '일이 끝난 다음에 연락할게'라고 말한다.

유혹: 숙제를 먼저 해야 하는데, 게임을 하고 싶은 마음이 생기면?
대비: 그럼 무시하고 흘려보내면 되지 뭐!

이렇게 해결책까지 생각해 놓으면 걸림돌이 생기더라도 잘 이겨낼 수 있다.

시간 도둑과 공부 방해물 없애기

나의 소중한 시간을 빼앗아 가는 '시간 도둑'과 공부에 집중을 방해하는 '공부 방해물'은 무엇인지 적어보세요.

예) 휴대폰 - 공부할 때 휴대폰이 옆에 있으면 계속하게 됨

1

2

3

4

5

나의 '시간 도둑'을 잡고 '공부 방해물'을 이겨내는 방법을 적어보세요.

예) 공부할 때 휴대폰을 다른 사람에게 맡겨 놓거나 다른 곳에 보관한다.

1

2

3

4

5

자발성
기회의 문을 여는 열쇠

세상은 딱 한 사람에게만 부와 명예의 양면에서 큰 몫을 챙겨준다. 바로 자발성을 가지고 일하는 사람이다. 자발성이란 무엇인가? 누군가가 말하기 전에, 스스로 알아서 그 일을 해내는 것을 말한다.

이런 자세보다 한 단계 아래의 자세는, 한번 말을 들은 다음에 그 일을 해내는 것이다. 즉, 윗사람이 지시한 명령을 잘 수행하는 자세를 말하는데, 그 결과에 대한 보상이 늘 똑같은 것은 아니다.

그다음으로는, 누군가 독촉해야 비로소 그 일을 시작하는 경우인데, 이런 사람들은 주변으로부터 존경은커녕 무심한 반응만을 받게 되며, 일에 대한 보상도 미미한 수준에 그친다.

마지막으로 가장 심각한 사람들이 있다. 누군가 바로 옆에서 지켜보며 일일이 방법까지 가르쳐 주어도, 도무지 자기 몸을 움직이려 하지 않는 사람들이다. 이런 사람들은 어디를 가도 실직을 하게 되어있고, 비난만 듣게 되어있다. 부자 아버지를 갖지 않는 한, 이런 사람들의 앞날은 불을 보듯 뻔하다.

당신은 이 네 가지 경우 중에서 어떤 부류에 속하는가?

— 엘버트 허버드

자발적으로 일한 소년 미켈란젤로

이탈리아 피렌체 근교 어느 대저택에서 가난한 한 소년이 정원을 관리하고

자기주도학습, 멘탈 관리가 먼저다

있었다. 그는 어려서부터 그림을 그리고 조각하는 것을 좋아했다. 그래서 정원에서 일하면서도 소년은 '어떻게 하면 아름다운 정원을 만들까?'를 생각하며 나뭇가지를 다듬고 화분을 조각하며 정원을 가꾸었다. 그는 다른 정원사들이 쉬는 시간에도 정원 구석구석을 손질하거나 볼품없는 나무 화분에 조각을 하느라 구슬땀을 흘리기 일쑤였다. 그러면서 사람들에게 "나는 훌륭한 조각가가 될 거야."라고 이야기했다.

다른 정원사들이 돌아가고 소년 홀로 남아 조각에 몰두하던 어느 날, 그 집을 찾아온 영주가 아름답게 꾸며놓은 정원과 조각품을 보고 감탄했다. 그리고 영주는 그에게 이렇게 물었다.

"정원을 무척 잘 가꾸었구나! 그런다고 품삯을 더 주는 것도 아닌데 무엇 때문에 이렇게 힘들게 일을 하느냐?"

그러자 그는 빙그레 웃으며 대답했다.

"월급과 상관없이 즐거워서 하는 일입니다. 정원을 멋지게 꾸미는 게 제 일이고, 화분을 멋지게 조각하는 것도 제 일의 일부분입니다."

영주는 그의 말에 큰 감동을 받았다.

"그렇군. 앞으로 자네가 미술 공부를 할 수 있게 내가 후원해 주겠네."

영주 덕분에 그는 미술학교에 입학해 자신의 꿈을 키워나갈 수 있었다. 그가 바로 〈천지창조〉와 〈다윗〉 등의 명작을 만든 이탈리아의 천재적인 예술가 미켈란젤로다.

정원사의 일은 화가라는 꿈과 상관없는 일처럼 보이지만 미켈란젤로는 정원사로 일하면서도 꿈을 생각하며 마음을 쏟아서 일했다. 그 정원에서 함께 일하는 사람은 여럿이었지만 그들은 그 일에서 다른 의미를 발견하지 못했다. 미켈란젤로만이 거기서 다른 의미를 발견하고 자발적으로 정원을 꾸미는 일에 매진했다. 자신의 꿈을 이룰 방법이 당장은 없었지만, 정원을 가꾸면서도 자신의 꿈에 다가갈 방법을 찾았고 그 안에서 할 수 있는 길을 실천했다. 덕분에 영주의 눈에 띌 수 있었고 꿈에 그리던 미술학교에 입학할 수 있었다.

자발적으로 일을 하는 사람은 다른 사람보다 더 많은 기회를 얻을 수 있다. 공부든 일이든 누가 시키지 않아도 자발적으로 행동해보자.

자발성 노트

자기주도적으로 공부하기

자발성은 기회의 문을 여는 열쇠입니다.
매일 자발적으로 실천한 일이 무엇인지 기록해 보세요.
학습을 중심으로 이번 주에 자발적으로 행한 활동을 적어보세요.

예1) 목요일에 영어 숙제를 집에 오자마자 바로 해서 저녁 먹기 전에 마쳤다.
예2) 주말에 다음 주에 배울 수학 이차방정식 개념을 이해하고 기본문제를 풀면서 예습하였다.

1

2

3

4

5

6

7

8

9

10

결실
뿌린 대로 거두는 법칙, 황금률

황금률(Golden Rule, 黃金律, 황금과 같은 율법이라는 뜻으로, 매우 깊은 뜻을 담고 있어 인생에 유익한 교훈이 되는 말)이란, 자신이 '남에게 대접받고 싶은 대로 남을 대접해 주는 것'이다.

남을 배려해야 하는 진정한 이유는 무엇일까? 그것은 '심은 대로 거둔다'는 영원한 법칙 때문이다. 남에게 행복을 주면 그것이 결국 내게 복으로 돌아오고 해를 끼치면 화로 돌아온다는 진리를 아는 이는 바르고 현명하다.

황금률에 기반을 두고 있는 '심은 대로 거둔다'는 법칙은, 당신이 어떤 생각을 품는 그 순간부터 좋은 방향으로든 나쁜 방향으로든 당신에게 영향을 미칠 것이다. 많은 이들이 이 법칙을 모르고 있는 것은 가히 세계적인 비극이라 할 만하다.

얼핏 단순해 보이는 법칙이지만, 이는 우리가 자기 운명의 주인이 되도록 만들어 주는 매개체이다.

– 나폴레온 힐

작은 행동이 행운을 가져온다

비가 내리는 어느 날 오후 피츠버그의 백화점에 한 노년의 부인이 들어섰다. 노부인은 매장 여기저기를 둘러보며 돌아다녔다. 그녀는 물건은 사지 않고 직

자기주도학습, 멘탈 관리가 먼저다

원들에게 말을 걸었다. 직원들 대부분은 그녀를 훑어보고는 물건을 살 것 같지 않은 그녀의 태도에 대화하기를 꺼려했다. 그런데 어느 젊은 남자 직원이 그녀에게 다가가 말을 걸었다.

"안녕하세요. 무엇을 도와 드릴까요?"

"아니에요. 난 쇼핑하려는 게 아니고 그냥 비가 그치기를 기다리고 있습니다."

"아, 네. 그럼 제가 의자 하나 내어 드릴까요? 앉아 계시다가 비가 그치면 가세요."

부인의 대답을 듣기도 전에 직원은 의자 하나를 가져왔다. 이내 비가 그쳤다. 직원은 문 앞까지 노부인을 배웅했다. 부인은 직원에게 명함 하나 달라고 했다. 그리고 젊은 직원은 그 일을 까맣게 잊고 있었다.

어느 날 백화점 사장이 그 젊은 직원을 불렀다. 사장은 그에게 편지 한 장을 보여주었다. 편지는 스코틀랜드의 성에 가구를 들여놓고 싶은데 그 직원을 보내 주문을 받아 달라는 내용이었다. 비가 내리던 날에 젊은 직원의 도움을 받았던 노부인은 세계적인 대기업가의 어머니였던 것이다. 노부인의 주문량은 실로 어마어마했고, 이 일로 그 직원은 파격적인 승진을 할 수 있었다.

적은 노력과 실천이 씨앗이 되어 행운이라는 열매를 맺게 한다. **공부나 일상생활에서 긍정적인 행동으로 좋은 씨앗을 꾸준히 뿌리면 시간이 흘러 합당한 결과를 얻게 된다.** 내가 공부에서 실천할 황금률이 무엇인지 고민해보자.

10대를 위한 자기주도학습 실천 노트

자기주도 학습 설문

공부의 황금률 찾기

1 학교 생활이 나의 성장에 중요한 역할을 한다고 생각한다. (O , X)

2 나는 평소에 운이 좋은(감사한 일이 많은) 사람이라고 생각한다. (O , X)

3 나는 책 읽기를 좋아하고 평소에도 책을 많이 읽는 편이다. (O , X)

4 나에게는 공부하는 목표와 이유가 있다. (O , X)

5 공부를 열심히 할 마음의 준비가 되어있다. (O , X)

6 가끔 슬럼프에 빠질 때도 있지만 잘 이겨낸다. (O , X)

7 내 인생의 꿈과 목표를 달성하기 위해서 지금의 공부를 한다고 믿는다. (O , X)

8 공부뿐만 아니라 다른 일도 최선을 다하고 싶다. (O , X)

9 공부를 잘하기 위해서는 무엇보다 마음 자세가 중요하다고 생각한다. (O , X)

10 부모님이나 선생님의 조언에 귀 기울일 필요가 있다고 생각한다. (O , X)

11 수업 전에 미리 공부할 내용을 확인하고 수업에 참여하는 편이다. (O , X)

12 나에게 맞는 나만의 공부 방법이 있다. (O , X)

13 수업이 끝나면 당일 복습하는 편이다. (O , X)

14 공부할 때 아는 것과 모르는 것을 확실하게 구분하고 확인한다. (O , X)

15 참고서나 문제집을 너무 많이 사지 않고 필요한 만큼만 구입한다. (O , X)

16 교과서나 참고서는 여러 번 반복해서 읽는 편이다. (O , X)

17 공부에 있어서 암기도 중요하지만 이해하는 것도 병행되어야 한다고 생각한다. (O , X)

18 시험 결과에 연연하지 않고, 시험 후 틀린 부분을 체크하면서 되돌아본다. (O , X)

자기주도학습, 멘탈 관리가 먼저다

19 내가 약한 취약 과목과 잘할 수 있는 전략 과목을 알고 있다. (O , X)

20 성적 향상을 위해 필요한 경우 공부 방법을 변화시킨다. (O , X)

21 어려운 문제를 풀 때 혼자 힘으로 해결하려고 노력하는 편이다. (O , X)

22 무리한 계획보다는 달성 가능한 분량의 공부 계획을 세운다. (O , X)

23 시험에 대비해서 미리 구체적인 계획을 세워서 공부한다. (O , X)

24 일단 세운 계획은 충실히 실천하려고 한다. (O , X)

25 방학을 대비한 계획을 세우고 방학 기간을 보낸다. (O , X)

26 계획을 세워서 공부하는 것은 공부 습관에 도움이 된다고 생각한다. (O , X)

27 환경이나 외부적인 요소에 따른 계획 변경이 적은 편이다. (O , X)

28 선생님이나 부모님이 시키기 전에 알아서 공부하는 편이다. (O , X)

29 자투리 시간을 적극적으로 활용한다. (O , X)

30 공부가 힘들 때는 스스로 격려하면서 마음을 다잡고 하는 편이다. (O , X)

자기주도 학습 설문 결과 진단

학습 설문 결과 O의 개수를 찾아서 해당하는 곳에 √ 표 하세요.

21~30개 ( )	자기주도학습을 잘 실천하고 있습니다. 부족한 부분을 보완하면 탁월한 자기주도학습자가 될 수 있습니다.
11~20개 ( )	자기주도학습의 능력은 있지만 더 많은 노력과 실천이 필요합니다. 우선순위를 정해서 당장 실천할 수 있는 것부터 행동에 옮겨보세요.
0~10개 ( )	자기주도학습의 이해가 필요합니다. 반드시 복습하고 가능한 것부터 실천하면 공부습관을 만들 수 있습니다.

나의 공부 황금률

자기주도학습 설문을 마치고 나서 돌이켜보았을 때 내가 만들고 실천해야 할 공부의 원칙, 황금률은 무엇이라고 생각하나요? 위의 설문을 참고해서 내가 평소 꼭 실천해야 할 공부습관을 적어보세요. 자신만의 공부 황금률을 만들어보세요.

예1) 수업이 끝나면 당일 꼭 복습한다.
예2) 그날 공부 계획을 세운 다음 공부하고 제대로 했는지 밤에 확인한다.

1

2

3

4

5

6

7

자기주도학습, 멘탈 관리가 먼저다

PART 3

자기주도학습
실전 매뉴얼

· · ·

3SR2E는 자기주도학습의 대전제인 읽기, 쓰기를 제대로 익히게 하고, 공부법의 핵심인 예습, 복습, 이해, 암기, 몰입 등을 습득하도록 돕는 방법이다. 매주 2~4회 꾸준히 훈련하면 자기주도적인 공부습관이 정착될 수 있다. 아울러 '수업 되살리기'를 병행하면 학습능력이 탁월하게 향상할 수 있다.

1

자기주도학습,
읽기 쓰기에
강해져라

. . .

공부 비법 전수 - 3SR2E

> 지식을 마음 옆에 붙여 놓아서는 안 되고 마음과 지식이 내적으로, 진심으로 합쳐져야 한다. 마음에 지식을 겉칠만 해서는 안 되고 털실에 물을 들이듯이 물들여야 한다.
>
> – 몽테뉴

북경에서 강의가 있던 날, 대기업에 다니는 한 분이 자녀 문제로 상담을 요청하였다. 초등학교에 다니는 아들이 책 읽는 것을 좋아하기는 하는데, 너무 건성으로 읽어 걱정이라고 했다. 천천히 읽으라고 해도 후다닥 읽는 바람에 내용도 잘 이해하지 못하는 것 같고 그런 습관 때문에 시험 때도 실수를 많이 한다는 것이다. 그래서 그런지 생각도 깊지 않은 것 같다고 하소연을 해왔다. 바쁜 일정이었지만 시간을 내어 아이를 한번 만나보기로 했다. 아이의 이름은 하우티엔이고 초등학교 4학년이었다.

먼저 아이의 상황을 알아보기 위해 간단한 설문을 하였다. 설문에 대한 아이의 답을 보니 학습에 대한 의욕이 높고 독서를 좋아하는 것으로 보아 태도와 습관을 잘 지도하면 좋은 결과가 나올 수 있을 거라 판단하였다. 하우티엔은 과목마다 100점을 맞고 싶다고 얘기했다.

하우티엔 설문 내용

1. 좋아하는 과목은? 체육, 미술, 영어, 과학

2. 장래 희망은? 수영선수

3. 재미있게 읽은 책? 〈개구쟁이 아이 일기〉

4. 내가 이루고 싶은 소원은?

   수영선수가 되고 싶다. 100점을 맞고 싶다. 책을 많이 가졌으면 좋겠다.

5. 내가 가장 행복할 때는? 친구랑 놀 때

6. 내가 가장 아끼는 것은? 책

7. 나는 공부가? 재미있다.

8. 내가 화날 때는? 100점을 맞지 못했을 때

9. 내가 동물로 변한다면? 여우

   그 이유는? 똑똑해서

10. 내가 가장 만나고 싶은 사람은? 삼촌

"100점을 맞고 싶은데 그게 안 돼서 속상하겠네."

"문제를 잘못 읽는 경우가 많아요."

"하우티엔, 그래서 내가 너한테 한국의 일부 학생들에게만 특별히 전수해주는 공부 방법을 알려주려고 해. 정말 숨겨진 비법 중의 비법인데, 한번 배우고 싶지 않니?"

"비법이요? 네, 배우고 싶어요."

하우티엔은 눈을 동그랗게 뜨며 대답했다.

"하우티엔, 만약 네가 이 방법을 전수하면 너는 중국에서 두 번째로 이 방법을 배우는 거야."

"네, 정말요? 어서 시작해요. 근데 첫 번째로 전수받은 애는 누구예요?"

"네 친구 쑈민. 걔는 벌써 전수받았어."

나는 웃으면서 얘기했다.

하우티엔은 친구가 벌써 배웠다는 말에 자극을 받았는지 빨리 시작하자고 재촉했다. 나는 진지한 표정으로 하우티엔 앞으로 바짝 다가앉았다. 그리고 목소리를 살짝 낮추며 하우티엔의 눈을 쳐다보며 비밀스럽게 얘기를 했다.

"하우티엔, 이건 말이야… 천천히 읽는 게 핵심이야. 천, 천, 히, 알겠어?"

"네."

하우티엔이 고개를 끄덕이며 대답하였다.

"어떻게 읽는 거라고?"

나는 다시 물었다.

"천, 천, 히, 요."

하우티엔은 또박또박 대답했다.

"그래, 잘 알고 있구나. 그럼 이제 책을 한번 읽어볼까? **교과서를 한번 천천히 읽어보자. 평소에 읽는 속도보다 조금 천천히 말이야. 읽을 때 '무슨 내용일까?', '잘 이해해야지' 하는 마음으로 읽는 거야.**"

"자, 내가 시간을 재볼게. 내가 '시작'이라고 하면 교과서를 읽는 거야, 알겠지?"

나는 읽을 분량을 정한 다음에 '시작'과 함께 읽으라고 했다. 하우티엔은 천천히 책을 읽기 시작했다. 나는 중간에 "천천히 읽고 있지?", "천천히 잘 읽네"라고 얘기해주었다.

이윽고 다 읽고 나자 하우티엔은 내게 물었다.

"시간이 얼마나 걸렸어요?"

내가 시간을 재는 걸 보더니 궁금했던 모양이다.

"응, 2분 30초야."

"잘한 건가요?"

"응, 이 정도면 웬만한 학생보다는 나아. 잘했어."

나는 열심히 하는 하우티엔의 모습을 보며 칭찬했다.

"자, 하우티엔. 방금 읽은 거는 다 이해했니?"

"아뇨, 아직 다 이해하지 못했는데요."

"그래, 공부를 잘하는 학생도 한 번 읽고 다 아는 사람은 없지. 그래서 한 번 더 읽어야 하는 거야. 이번에는 아까 기록을 깰 수 있겠어?"

"네, 깰 수 있어요."

아이는 승부욕이 발동되는 것 같았다.

"그래? 그럼, 어느 정도 시간이 걸릴 것 같아?"

"한, 2분 10초요."

각오를 단단히 한 눈빛이었다.

"그래? 그러면 지는 거야."

"네? 왜요?"

"게임의 규칙이 뭐였지?"

그제야 알았다는 표정으로

"천, 천, 히, 요."

"그렇지. 그럼, 어떻게 해야지?"

"아, 알았어요. 3분을 넘겨볼게요."

좋아, 한번 해보자. 그런데 이번에는 펜으로 중요한 곳에 밑줄을 그으면서 읽어보자. 네가 쓰고 싶은 펜을 직접 골라봐.

아이는 자기가 원하는 색깔의 펜을 골랐다.

"자, 그럼. 두 번째 도전이야. 시작~"

아이는 이번에도 천천히 읽으려고 애쓰면서 책을 읽어나갔다. 다 읽고 나자 다시 물었다.

"시간이 얼마나 걸렸어요?"

"웅, 3분 10초야. 아까보다 많이 좋아졌는걸. 집중을 아주 잘했어. 천천히 잘 읽는구나."

아이는 게임이 재미있는 눈치였다.

"자, 두 번 읽으니 어때? 완전히 이해가 됐어?"

"아뇨. 아직도 이해 안 되는 게 있어요."

"그래? 다른 학생들도 그래. **이번에는 마지막으로 한 번만 더 천천히 읽어보자. 이번에는 네가 선생님이 돼서 친구들을 가르친다는 생각으로 읽어봐.** 아이들에게 무엇을 가르칠까 생각하면서 읽으면 돼, 알겠지?"

"네, 알겠어요. 이번에도 천천히 읽어야죠?"

하우티엔은 다시 천천히 읽기 시작했다. 이번에도 두 번째와 비슷하게 시간이 걸렸다.

"선생님이 돼서 읽으니까 어때?"

"뭘 가르칠까 생각하면서 읽으니까 되게 가르칠 게 많더라고요. 안 중요한 것도 가르쳐야 하잖아요?"

하우티엔이 진지하게 말했다.

"음, 역시. 새로운 걸 발견했군. 이제는 읽은 내용을 많이 이해했어?"

"네, 처음보다 훨씬 많이 이해했어요."

"그래, **그러면 이해한 것들을 내게 설명해 볼래?** 선생님처럼 잘 설명해 봐."

내 말에 하우티엔은 정말 열심히 설명하기 시작했다.

"음, 열심히 설명해 줘서 고마워. 머리에 쏙쏙 들어오는데! 그럼 이번엔 방금 **설명한 것을 노트에 적어 볼 수 있겠어?**"

하우티엔은 설명했던 내용을 노트에 적기 시작했다.

"하우티엔, 잘했어. 역시 너는 선생님의 두 번째 중국 제자답구나. 어때, 이 방법이 공부에 도움이 되는 것 같아?"

"네, 좋은 방법 같아요. 잘 이해되고 기억도 잘 나요."

"그럼, 내일 한 번 더 만나자. 내가 곧 한국으로 돌아가야 하니 그전에 한 번 더 같이 훈련해보자."

다음 날 하우티엔은 어제와 같은 훈련을 한 번 더하고 집으로 돌아갔다.

그로부터 한 달 뒤 나는 다시 북경에 갔다. 그때 하우티엔의 소식을 들을 수 있었다. 하우티엔은 집에서도 꾸준히 천천히 읽기를 실천했다고 한다. 엄마가 아무리 건성으로 읽지 말라고 해도 듣지 않던 아이가 갑자기 천천히 읽는 모습을 보고 놀랐다고 한다.

3SR2E 공부법

자기주도학습을 실천하는 최상의 학습법으로 모든 학생이 자기 수준에 맞게 진행할 수 있다. 읽기, 쓰기, 예습, 복습, 몰입, 피드백 등 공부의 중요 습관을 익힐 수 있다.

읽고 표현하기는 자기주도학습에서 가장 중요하다.
3SR2E는 3번 천천히 읽고(3SR), 2번 표현하기(2E)를 말한다.
각 회당 주어진 미션에 따라 천천히 읽기(Slow Reading)로 3회 읽고, 각 회당 읽은 시간을 기록한다. 읽은 다음 읽은 것을 표현하는 것(Expressing in writing and in speaking)이 중요하다. 1회는 노트에 쓰고 1회는 말로 설명한다(2번 표현).

3SR2E : 3번 천천히 읽고, 2번 표현하기
SR : Slow Reading
E : Expressing in writing and in speaking

3SR2E의 실천 방법은 다음과 같다.

구분	방법	읽은 시간
1SR	내용을 이해(생각)하며 천천히 읽는다.	분 초
2SR	중요한 내용에 밑줄을 그으며 천천히 읽는다.	분 초
3SR	내일 선생님이 돼서 친구들을 가르친다고 생각하며 천천히 읽는다.	분 초
1E	읽은 내용을 최대한 기억해서 적는다. (writing)	
2E	읽고 기록한 내용을 다른 사람에게 설명해 본다. (speaking)	

* 각 회독에 해당하는 읽기 방법에 따라 읽는다.
* 핵심은 천천히 읽는 것이다.
* 모르는 낱말이 많으면 1SR 전에 낱말의 뜻을 찾아서 책에 적는다.
* 한 번 읽을 때마다 휴식시간을 짧게 가진다.
* 한 번 읽을 때마다 읽은 시간을 재서 기록한다.
* 횟수가 늘어날 때마다 더 천천히 읽도록 노력한다.
* 다 읽고 나서는 책을 보지 않고 최대한 기억해서 읽은 내용을 노트에 적어본다.
* 노트에 적은 내용을 부모님이나 선생님 혹은 친구에게 설명해 본다.

자기주도학습 실전 매뉴얼

3SR2E로 공부습관을 만들다

초등학교 5학년 경희 어머니에게서 연락이 왔다. 공부를 제대로 하지 않아서, 아빠한테 "공부할 자격이 없다"는 말까지 들으며 혼났다고 한다.

"구체적으로 어떤 게 문제인가요?"

"애가 집중을 못하고 너무 산만합니다. 거실하고 방을 돌아다니고, 가만히 있지를 않습니다. 동생들하고 장난도 많이 하구요. 제가 할 일을 미리 정리해서 체크하는데, 점점 엉망이 되어갑니다."

"그래도 하기는 하나요?"

"네, 하기는 하는데 건성으로 하니 효과가 없는 것 같아요."

"좀 더 구체적으로 설명해 주시겠어요?"

"책상에 가만히 앉아 있지를 못합니다. 차분하게 앉아 있어야 공부도 할 텐데요. 그리고 아직 나눗셈을 잘못해요."

"학원이나 과외는 하나요?"

"아뇨. 학원이랑 학습지를 했는데 다 끊었어요. 효과도 없고 따라가지를 못해요."

"그러면 부모님하고 사이도 안 좋겠네요?"

"네, 화가 나는 때가 많지요. 그래서 말을 해도 좋은 말을 안 하게 돼요."

"네, 정말 걱정이 많으시겠네요."

"네 오늘도 숙제를 해놓기는 했더라구요. 그런데 수학 풀이가 다 틀렸어요. 화병이 날 지경입니다."

"경희도 많이 힘들어하지 않나요?"

"네, 힘들어해요. 자존감도 많이 떨어져 있는 것 같고, 살기 싫다는 말까지 해서 겁이 납니다. 어떻게 하면 좋을까요?"

며칠 후 경희와 엄마를 만났다. 간단하게 상담을 한 후 몇 가지 설문지를 작성했다. 그중 몇 가지를 공유하면 다음과 같다.

◆ 나는 평소에 운이 좋은(감사한 일이 많은) 사람이라고 생각한다. (O, ⊗)

◆ 나는 책 읽기를 좋아한다. (◎ ×)

◆ 나의 장점과 단점을 적어 주세요.
   * 장점: 발레를 잘하고 예쁘다는 소리와 성격이 좋다는 소리를 자주 듣는다.
   * 단점: 수학이 어렵고 하기 힘들다.

◆ 내가 지금 공부를 해야 하는 이유를 차례대로 정리해보세요.
   ① 장래 희망을 위해서
   ② 돈을 잘 벌기 위해서
   ③ 엄마아빠에게 용돈 드리려고

◆ 공부가 힘들 때는 스스로를 격려하면서 마음을 다잡고 하는 편이다. (O, ×)
   그럴 때도 있고 아닐 때도 있다

◆ 나의 공부 방해의 요소는 무엇인가요? 동생

◆ 공부 방해 원인을 개선하기 위한 가장 좋은 방법은 무엇일까요?
   동생이 내 방에 못 오게 엄마아빠가 돌봐준다.

◆ 자신 있거나 수업 중에 집중이 잘되고 재미있는 과목은 무엇입니까? 체육

◆ 성적 향상이 어려운 과목 2가지만 적어 주세요. 사회, 수학

◆나는 커서 (판사나 파티쉐)이(가) 되고 싶다.

◆나의 소원이 마음대로 이루어진다면?

　첫째 소원은 (내가 아는 모든 사람이 오래 살기)이다.

　둘째 소원은 (돈 많이 벌기)이다.

　셋째 소원은 (착하고 잘생긴 사람과 결혼하기)이다.

◆내가 가장 행복한 때는 (엄마와 찜질방 갈 때)이다.

◆나는 공부가 (재미있기도 하고 어렵기도하고 힘들기도) 한다.

◆나를 가장 화나게 하는 것은 (동생)이다.

◆부모님께 제일 바라는 것은 (나를 착하게 대해 주는 것, 나만 혼내지 말고 동생도 혼내 주는 것, 화내지 않는 것).

　잠시 후 경희가 작성한 설문지를 들고 들어왔다. 우리는 설문지 내용을 중심으로 얘기를 나눴다. 경희는 공부가 "재미있기도 하지만 어렵기도 하고 힘들기도" 하다고 했다. 부모님이 자신에게 더 많이 관심과 사랑을 표현해 주었으면 하는 바람이 있었다. 경희는 부모님에 대한 불만도 얘기했다. 자기도 공부를 잘하고 싶은데 잘 안 돼서 답답하다고 했다.

　그런데 상담을 하는 동안 경희는 의자에 앉은 채로 빙글 돌면서 얘기를 했다. 빙그르르 한번 돌고 얘기하고 하는 식이었다. 순간 경희어머니가 아이가 너무 산만하다고 했던 얘기가 생각났다. 너무 자주 도는 바람에 나도 집중을 할 수 없었다.

"경희야, 네가 자꾸 빙글 도니까 내가 말하는 데 집중을 할 수 없는걸. 도는 횟수를 좀 줄일 수 없을까? 한 5분에 한 번 돌았으면 좋겠는데."

"네, 그럼, 가끔 돌게요."

경희가 더 돌지 않자, 차분히 얘기할 수 있었다.

"어제 푼 수학문제 있잖아. 엄마가 풀라고 했던 거. 그거 다시 풀어볼까? 풀 수 있겠어?"

"네, 할 수 있어요."

경희는 열심히 문제를 풀었다. 잠시 생각하기도 하고 지우개로 지우기도 하면서 문제를 다 풀어냈다. 답을 보니 두 문제를 다 맞혔다.

"와, 다 맞았네. 열심히 풀었어, 잘했어. 브라보~"

경희의 얼굴은 금방 환해졌다.

"경희가 푸는 걸 보니까 생각을 열심히 하더라. 평소에도 문제 풀 때 이렇게 열심히 생각하니?"

"그럴 때도 있고, 대충 할 때도 있어요."

그렇게 첫날 상담을 끝내고 본격적으로 "천천히 읽기 수업"을 진행했다. 1시간 정도 진행되는 수업이지만 경희는 적극적으로 참여했다.

경희는 학교에서 수업한 부분에 해당하는 사회 교과서의 한 페이지를 천천히 여러 번 읽었다. 매번 읽을 때마다 시간을 쟀다. 경희에게 '천천히' 읽는 게 제일 중요하다고 알려줬다.

"경희야, **이 방법은 공부를 잘하게 되는 비법 중의 비법인데 핵심은 천천히 읽는 거야.** 그래서 시간을 재서 속도가 어느 정도인지 측정하고 기록을 할 거야."

경희의 읽는 속도를 재보았다.

1회 : 1분 29초

2회 : 2분 35초

3회 : 3분 15초

경희의 기록은 점점 좋아졌다. 집중해서 읽는 시간이 길어졌다.

"경희야, 기록이 점점 좋아지네. 여러 번 읽으니까 어때?"

"네, 이해가 잘되고 기억이 잘 나는 것 같아요."

"그래, 그럼. 한번 노트에 적어볼까?"

경희는 노트에 읽었던 내용을 차분하게 적어 나갔다. 처음인데도 노트를 꽉 채웠다.

"오, 노트를 꽉 채웠는데? 브라보~. 충분히 잘 이해를 한 것 같은데, 이거 경희가 한번 설명할 수 있겠어?"

"네, 할 수 있을 것 같아요. 엄마도 오시라고 해요?"

경희는 엄마에게도 잘하는 자신의 모습을 보여주고 싶었다.

"어, 오시라고 해."

엄마와 나는 경희의 강의를 듣기 위해 앉았다. 경희는 칠판을 이용해서 차분하게 설명해 나갔다. 경희엄마는 내심 놀라는 눈치였다. 조금 더듬거리기는 했지만 경희는 훌륭하게 설명을 해냈다.

"오우, 잘 들었어요. 설명을 정말 잘하시군요. 경희 선생님."

이렇게 경희의 강의는 마쳤다.

"경희야, 앞으로 수업은 이렇게 경희가 읽고, 쓰고, 설명하는 방식으로 진행할 거야. 괜찮지?"

"네, 재미있네요."

먼 거리를 오가는 일이지만 경희는 힘든 기색 없이 꾸준히 참여했다. 두 번째 수업도 비슷한 순서로 진행했다. 주간일지 쓰고, 읽기 수업을 했다. 경희는 재미있게 수업에 참여했다.

경희의 세 번째 수업시간.

수업 초기에 주간일지를 작성했다. 주간일지는 지난 한 주를 스스로 돌아보게 하는 성찰일지 성격으로 공부습관을 잡아주는 역할도 할 수 있게 구성했다.

꿈을 이루는 주간 성찰 일지

년   월   일

지난주 활동 되돌아보기	
지난 한주 동안 잘한 일이나 활동은 무엇입니까?	학습면: 선생님께 꾸중을 듣지 않고 숙제를 잘해 갔다. 활동면: 단소를 조금 더 잘 불게 되었다. 기타:
지난주 수업 집중도는?	1. 수업 시간에 암기와 이해를 병행하였습니까? (상, ⑤, 하) 2. 중요한 내용과 모르는 내용을 표시하였습니까? (◎, △, ×) 3. 수업이 끝난 후 잠시 기억해보고 생각해보았습니까? (○, △, ⑤)
수업 끝난 후 어떤 공부를 하였습니까?	1. 그날 배운 수업 내용을 잘 복습하고 충분히 이해하고 중요한 내용을 외우셨나요? (○, ⑤, ×) 2. 잠자리 들기 전(10~ 30분 전)에는 하루를 되돌아보고, 그날 공부한 내용을 잠시 생각해 보았습니까? (○, △, ⑤) 3. 매일 꾸준히 공부한 과목은 무엇입니까? 없음

독서 활동	〈사라진 추장의 칼〉, 〈골든 벨〉, 〈슬기로운 처녀〉, 〈황금의 실〉 등등
한주 동안 자발적으로 실천하였나요?	모르겠음
지난주 반성 & 개선할 사항	복습을 좀 더 철저히 해야겠다.
지난주 나의 활동 평가	꿈과 목표를 위한 나의 노력은 (A, ⑧, C, D, F) 학점이다.
주간 계획	
다음 주 꼭 해야 하는 중요한 공부	수학
나에게 한마디 (다짐, 계획, 소망)	앞으로 복습을 열심히 해보겠다.

매일 아침에 일어나면 "내가 할 수 있는 일이 뭘까?"라고 생각했다.
그리고 저녁에 잠자리에 들 때는 "내가 그것을 했는가?"라고 자문했다.
나는 그렇게 하루를 시작하고 하루를 마무리 지었다.

- 벤자민 프랭클린

성찰일지를 보니 열심히 노력하는 경희의 모습을 느낄 수 있었다. 그런데 눈에 띄는 대목이 있었는데 바로 독서 활동이었다. 경희어머니는 경희가 평소에 책을 안 읽어서 걱정이라고 했다. 그런데 일주일 동안 책을 여러 권을 읽은 것이다. 어떻게 된 건지 물어봤다.

"경희야, 엄마한테 듣기로는 경희가 책을 잘 안 읽는다고 하던데, 지난주에 책을 많이 읽었네. 어떻게 된 건지 얘기 좀 들어볼까?"

"그러니까 예전에는 책이 재미없어서 안 읽었는데, 선생님과 함께한 것처럼 천천히 읽으니까 재미가 있더라고요.

경희는 빨리, 많이 읽는 방법 때문에 독서에 흥미를 잃은 것이다. 하지만 천천히 읽는 방법을 배운 뒤 집에서 책을 읽을 때도 그 방법대로 했다. 덕분에 읽은 내용을 잘 이해하고 음미할 수 있게 돼 재미를 느꼈다. 그래서 그동안 읽지 않던 책도 찾아 읽게 되었다. 이렇게 천천히 읽으면 독서의 재미를 알게 된다.

경희는 계속해서 수업시간에 교과서를 반복해서 천천히 읽었다. 경희의 기록이 많이 좋아졌다.

1회: 4분 58초
2회: 6분 15초
3회: 7분 20초

3회 시간을 기록하더니 "최고 기록이에요"라고 말하며 경희는 거기에 별표를 했다.

경희는 활짝 웃으면서 말했다. '천천히 읽기'를 하니까 집중이 잘 된다고 말했다. 산만하던 모습도 없어지고 점점 차분해져 갔다. 경희엄마는 그런 변화가 놀랍다고 했다.

4회차, 5회차 수업도 비슷하게 지나갔다. 5회차 수업에는 읽은 것을 설명할 때 시선 처리가 자연스럽고 목소리도 차분해서 듣기에도 아주 편했다. 그런데 어머니와 대화 중 새로운 사실을 알게 됐다.

"경희가 며칠 전에 친구를 집에 데려왔어요. 회사에서 그 얘길 듣고 화가 좀 났어요. 친구들과 노느라 어지럽히고 숙제도 안 할 게 뻔하잖아요. 서둘러 집에 왔어요. 아이들은 경희 방에 있더라고요. 그래서 방안에서 뭐하나 하고 들여다봤어요. 그런데 놀랍게도 아이들이 돌아가면서 여기서 한 것처럼 설명을 하고 있더라고요. 그래서 제가 쓸데없는 걱정을 했구나 하는 생각이 들었고, 아이를 믿지 못한 저를 반성했습니다."

경희는 그렇게 점점 발전해갔다.

'천천히 읽기'는 책의 내용을 느끼고 체험하게 함으로써 학습의 의지를 극대화하는 최고의 방법이다. 그리고 '주간 성찰일지'는 자기를 돌아보고 평가하게 함으로써 스스로 피드백하는 방법을 알게 하고 주도성을 기르는 데 적합하다.

수학 교과서 3SR2E

중학교 1학년 영만이는 반에서 꼴찌를 다투는 아이다. 영만이는 바둑을 굉장히 좋아하는데, 초등학교 때까지 바둑학원만 열심히 다녀서인지 학교 성적은 저조한 편이었다.

중학생이 되어 자신의 성적을 확인하고는 영만이 스스로 바둑학원을 그만두었다. 대신 성적을 올리기 위해 학원에 다니게 되었다. 하지만 워낙 기초가 약한 탓에 학원을 다니는 것이 너무 힘들다고 엄마에게 고통을 호소하였다. 그래서 영만이 엄마의 요청으로 함께 수업을 하게 되었다.

원래 코칭을 할 때 학생이 조금 잘하는 과목이나 성과를 올릴 수 있는 과목을 먼저 선택하게 한다. 이렇게 하면 쉽게 성과를 올릴 수 있고, 이를 통해서 자신감을 향상시키고 공부하는 법을 익히게 하려는 것이다.

그런데 영만이는 자신 있는 과목이 하나도 없었다. 그래도 한 과목을 선택하라고 했더니, 자기는 수학이 재미있으니까 수학부터 하자고 제안을 하였다. 의외의 제안이기는 했지만, 영만이가 하자는 대로 수학부터 해보기로 했다.

하지만 첫날부터 수업은 벽에 부딪혔다. 영만이가 그날 학교에서 배운 내용을 복습하고 문제를 풀겠다고 해서 그렇게 하라고 했다. 문제를 풀기 시작한 지 오래지 않아 영민이는 난감한 표정으로 문제를 바라보고만 있었다. "왜, 무슨 어려운 점이라도 있니?"라고 물었다.

"네, 선생님. 도대체 문제가 무슨 말인지 모르겠어요."

표정을 보니 정말 답답해 미칠 것 같다는 인상이었다.

"그래, 뭐가 문제인지 좀 볼까?"

문제는 간단한 수식으로 이뤄져 있었지만 기호가 많이 들어가 있었다.

"영만아, 이 문제에서는 뭘 묻고 있는지 나한테 설명해 줄래?"

"그러니까요, 선생님. 제가 그걸 모르겠어요."

자신의 머리를 만지며 곧 울음이 터트릴 것 같은 영만이를 먼저 달래주었다.

"오케이, 자 천천히 생각해보자. 문제가 묻고 있는 것의 개념을 잘 이해하지 못해서 그런 거야. 개념을 설명하고 있는 부분으로 돌아가서 천천히 읽고 충분하게 이해하고 나면, 어렵지 않게 풀 수 있을 거야. 개념 정리로 가보자."

영만이는 교과서의 해당 부분을 폈다. 그러더니 "그냥 읽어요?"라고 물었다.

"응, 당연히 읽어야지. 그런데 읽는 데도 **방법**이 있어. 일단 천천히 읽어야 해. 천천히 읽으면서 이게 무슨 뜻일까, 하고 생각하면서 읽는 거야. 꼭 이해해야지 하는 마음으로. 읽은 다음에는 그게 무슨 의미인지 자신에게 설명을 해봐. 그런 다음에 노트에 개념을 적어보는 거야. 자, 시작해볼까?"

영만이는 천천히 읽기 시작했고, 다 읽은 다음 입으로 중얼거리면서 자신에게 설명했다. 그런 다음 노트에 개념을 적게 했다. 그런데 적은 내용이 책의 내용과 비교해서 많이 부족했다.

"책에 있는 내용과 네가 적은 내용을 비교해볼까?"

"어때, 좀 부족하지. 어떤 부분이 부족한지 한번 살펴볼까?"

영만이는 노트와 교과서를 비교해보더니 "선생님, 한 번 더 볼게요."라고 했다.

"그래, 한 번 더 천천히 읽고 써 보면 훨씬 이해가 잘 될 거야. 이번에는 아까

보다 더 천천히 읽어봐."라고 격려를 해주었다. 그렇게 다시 읽고 나서 써보기를 하니 훨씬 더 잘 정리를 하였다. 그래서 한 번만 더 읽고 문제를 풀어보게 했다.

"그럼, 이제 아까 그 문제를 다시 풀어볼까?"

영만이는 문제를 보더니 '아, 알겠다' 하는 표정으로 풀어나갔다. 문제를 제대로 이해하니 쉽게 해결했다.

"자, 아까는 이 문제가 어려웠는데 이번에는 어떻게 해서 쉽게 풀게 되었지?"

"아까는 개념이 이해가 안 된 상태에서 문제를 푸니까 무슨 말인지 몰라서 어려웠고요. 나중에는 천천히 개념을 읽고 써보고 하니까 이해가 잘돼서, 문제가 무슨 뜻인지 알게 됐어요."

"그래, 그런데 아까는 왜 문제부터 풀었지?"

"수학을 잘하려면 문제를 많이 풀어야 한다고 해서요. 그래서 문제를 많이 풀려고 했어요."

"그럼, 이제 앞으로는 어떤 방법으로 수학을 공부할 거지?"

"네, 우선 책을 읽고 읽은 내용을 노트에 정리해서 확실히 이해한 다음, 문제를 풀어야겠어요."

"음, 좋은 생각이야. 수학을 잘하기 위해서는 문제를 많이 풀어봐야 한다는 말이 틀린 말은 아니야. 당연히 앞으로도 문제를 많이 풀어보는 것이 좋을 거야. 하지만 먼저 충분히 교과서나 참고서의 개념을 읽고, 이해한 다음에 해야겠지? 오늘 중요한 사실을 하나 알게 됐구나."

그다음부터 영만이는 교과서의 개념을 먼저 이해하기 위해 3번 정도 천천히 읽고, 정리한 다음에 문제를 풀었다. 덕분에 수학에 재미를 붙이고 자신감을 갖게 됐다.

수학도 천천히 읽는 방법을 통해서 내용을 잘 이해하게 되면 문제를 잘 풀 수 있게 된다.

자기주도학습 실전 매뉴얼

5SR2E로 학습력을 키우다

중3 용욱이의 성적은 상위권이었는데, 학년이 올라갈수록 성적이 떨어져 부모님의 걱정이 많다. 학교 수업 외에도 학원이나 과외 등 많은 것을 하지만 효과가 없어서 걱정이 많다.

"아이에게 공부할 의욕을 넣어주고, 공부 방법을 알려줄 분이 필요해요."

어머니는 간절한 마음을 담아 이렇게 얘기했다. 사실 상담해보면 많은 부모가 비슷한 얘기를 한다. 먼저 간단한 설문을 하였다.

용욱이는 자신의 단점을 '수줍음이 많고, 표현을 어려워하는 것'이라고 적었고, '책 읽기를 좋아한다'고 적었다. 이렇게 자신의 장단점을 이야기한 다음, 목표에 관한 이야기로 넘어갔다.

"엄마가 공부에 대해 간여하셔서 기분이 별로 좋지 않지?"

용욱이는 "네" 하면서 고개를 끄덕였다.

"엄마가 보기에 네가 목표가 분명하지 않다고 생각하니까 자꾸 '이거 해라, 저거 해라' 하시는 게 아닐까? 네가 분명하게 목표를 가지고 너의 공부를 해나간다면 엄마가 너를 적극적으로 돕게 될 거야. 알겠지?"

이렇게 말했더니 용욱이는 고개를 끄덕이며 눈을 반짝였다.

10대를 위한 자기주도학습 실천 노트

두 번째 만남

2차 코칭 때부터는 본격적으로 수업을 진행했다. 우선 지난 만남 때 얘기한 목표에 대해서 좀 더 깊은 얘기를 나누었다. 자신이 진학하고 싶은 대학과 학과에 대해서도 의견을 주고받았다. 용욱이는 1학기 기말고사 성적이 떨어져서 더 올리고 싶다고 했다. 그래서 구체적인 점수를 생각해보기로 했다.

"2학기에 얻고 싶은 성적에 대해 생각해보자. 목표를 세울 때는 구체적이면서도 달성하기 어려운 약간 도전적인 목표를 세우는 게 좋아. 자신의 마음과 정신을 온전히 집중할 수 있는 목표를 정하는 게 중요하고."

용욱이는 기초가 탄탄한 편이고 학습 의욕이 충분하다고 판단했기 때문에 바로 〈읽기 연습-5SR2R〉에 들어갔다. 용욱이가 가장 어려워하는 역사 교과서로 시작했다. 2학기에 배울 내용을 미리 읽어나가기로 했다. **교과서 한 단원을 한 절씩 천천히 읽게 하였고, 이렇게 5번을 반복한 후 책을 덮고 노트에 적게 했다.** 용욱이는 독서를 좋아하는 편이라서 5회독을 진행하는 데 큰 어려움은 없었다.

독서량이 부족한 학생은 5회독을 어려워하는 경우도 있는데, 그럴 때는 3회독 정도로 줄여서 진행한다. 책을 읽던 용욱이가 처음 보는 단어라며 질문을 해왔다.

"선생님, 그런데 전제정치가 뭐예요?"

"음, 우선 네가 대충 뜻을 짐작해봐. 그리고 계속 읽어나가도록 해. 정확한 뜻은 이따가 사전에서 찾아보자. 그러면 네 짐작이 맞는지 알 수 있겠지."

매번 읽을 때마다 읽은 시간을 적게 하였다.

1회 : 4분 20초

2회 : 10분 05초

3회 : 2분 20초

4회 : 3분 10초

5회 : 2분 30초

시간을 합쳐 보니 약 23분 정도였다. 역사 교과서를 집중해서 이렇게 오랫동안 읽은 것은 처음이라고 했다.

"자, 이제 지금까지 읽은 내용을 최대한 기억해서 적어보자. 오늘은 처음이라 잘 기억나지 않을 수도 있어. 하지만 열심히 생각해보는 게 중요해. 공부는 입력뿐만 아니라 출력도 중요하거든."

용욱이는 연습장에 여섯 줄을 적었다. 생각보다 기억이 잘 안 나서 답답한 표정이었다.

"막상 적으려고 하니까 기억 안 나는 게 있었지?"

"네, 책을 막 펼쳐보고 싶더라구요."

"그래? 그럼, 지금 봐봐. 무엇이 기억 안 났는지."

책을 보더니, 확인했다고 한다.

"이렇게 확인한 내용은 잘 잊어버리지 않을 거야. 오늘은 처음이라 출력하는 연습이 잘 안 돼서 힘들었겠지만 시간이 지나면 더 잘할 수 있을 거고."

"이런 방식으로 읽는 것은 어떤 거 같아? 괜찮은 것 같아?"

"네, 아주 좋았어요."

"다음 주에 만날 때까지 하루에 한 문단씩 정리해볼 수 있겠니? 이건 말하자면 숙제야."

"네, 해볼게요."

"읽은 시간도 잘 기록해놓아야 해. 그리고 연습장에 기록한 내용은 나중에 책으로 엮어줄 테니까 잘 기록하고."

용욱이가 고개를 끄덕이며 그렇게 하겠다고 한다.

"그동안 엄마가 공부에 많이 간섭하셨니?"

"네, 아~~주 많이요."

"음, 이제 엄마가 간섭을 많이 안 하실 거야. 네가 주도적으로 해봐."

3~4차 코칭

3차 코칭 때 확인해보니 용욱이는 5회독 '읽고 적어보기' 숙제를 3일만 진행하였다. 조금 힘들었던 모양이다. 다시금 '읽고 적어보기'의 중요성을 얘기하고 따로 노트를 만들어 해보라고 하였다. 그러고 나서 다시 한 번 2차 때 했던 방식으로 읽고 적어보기 훈련을 하였다.

4회째 코칭. 이번에는 용욱이가 노트 정리를 정말 깔끔하게 해놓았다.

엄마한테 들으니 노트 정리하느라 많이 애썼다고 했다. 잘 소화하고 있는지 확인하기 위하여 소목차 하나를 선택하여 설명해보라고 했다. 용욱이가 많이 당황하는 모습이어서 5분의 시간을 주고 준비하게 하였다. 발표는 좀 서툴렀지만 그런대로 일목요연하게 하였다. 책 읽기 훈련을 두세 번 더 해야 할 것 같다는 생각이 들었다.

용욱이는 수학 과외를 하면서 수학에 치중하다 보니 상대적으로 다른 과목이 부족한 상황이었다. 특히 영어를 어떻게 하는 게 좋을지 물어왔다. 그래서 영어 교과서를 한 번 예습해보자고 했다. 교과서 7과의 본문을 역사 교과서 읽듯이 슬로 리딩으로 읽어 보라고 했다. 10분이 조금 넘게 걸렸다.

"선생님, 영어를 이렇게 읽어 보는 건 처음이에요. 이렇게 읽으니까 정말 아이디어도 많이 떠오르고 이해도 훨씬 잘 되네요."

"예전에는 어떻게 했지?"

"그냥 문장을 쭉 읽었어요. 그냥 문자를 읽어 나가는 거죠. 의미 파악 없이 쭉 읽어나가고 해석은 나중에 자세히 하자 하는 마음으로 읽었어요. 한 번 읽은 다음 다시 처음으로 돌아와 해석을 했어요. 그런데 천천히 읽으니까 이해도 잘 되고 기억도 잘 나는데요. 신기해요."

"그럼, 매일 10분을 투자할 수 있겠어?"

"네, 7과가 익숙해지면 8과로 넘어갈게요."

"한 가지 주의해야 할 것은 8과를 읽기 전에 먼저 7과를 읽어야 하는 거야. 그러고 나서 8과를 읽어야 해."

"근데 그렇게 하면 시간이 많이 걸릴 텐데요."

"8과는 슬로 리딩으로 읽고 7과는 평소에 읽듯이 쭉쭉 읽어도 돼. 부담 없이 편하게. 반복이라서 빠르게 읽어도 눈에 잘 들어올 거야."

"그렇게 하면 7과를 잊어먹지 않고 잘 기억할 수 있겠네요."

"오우, 브라보. 이해를 잘했구나."

용욱이는 그 후 계속해서 읽기 훈련을 병행했고, 공부 일지를 쓰면서 공부에 더 잘 집중할 수 있게 됐다. 오래지 않아 혼자서도 공부를 잘하고 자신감을 회복했다.

3SR2E로 자기주도학습 역량을 키우다

　고등학교 1학년 병철이는 학원과 과외를 그만두고는 공부를 전혀 안 해 성적이 하위권으로 떨어졌다. 병철이는 중학교 때까지 영수학원을 다녔다고 한다. 성적은 중간 정도를 유지했고, 어떨 때는 상위권 성적이 나오기도 했다. 그런데 고등학교에 진학하고 나서 병철이는 완강하게 학원을 거부했다.

　"저 이제 학원 안 다닐래요. 너무 힘들어요. 제가 알아서 할게요."

　아이가 하도 강하게 얘기하자 엄마도 더는 말하지 못했다. 그날부터 아이는 혼자서 공부했다. 하지만 혼자서 공부를 해본 적도 없고 방법도 몰랐던 아이는 점점 성적이 떨어지면서 무기력해져갔다. 답답하고 안타까운 마음에 엄마는 다시 학원에 다니라고 했지만 아이는 그러고 싶지는 않다고 했다. 1학기 여름방학이 지나고 신학기가 돼도 상황은 나아지지 않았다.

　2학기 중간고사에는 성적이 더 떨어졌다. 더 내버려뒀다가는 큰일 날 것 같아서 도움을 요청했다.

　병철이는 자기도 공부를 잘하고 싶은데 생각대로 되지 않아서 지금은 자포자기한 상태라고 했다. 엄마가 학원을 가라고 하는데 왜 거절했냐고 물으니 '학원에서 사람을 너무 몰아세우고 공부할 게 너무 많아서 싫다'고 했다. 그래서

"지금이라도 늦지 않았으니 할 수 있는 만큼씩만 조금씩 해보자"고 했다. 다행히 아이는 동의를 했고 학습코칭 수업은 그렇게 시작됐다.

1년 가까이 공부를 손에서 놓은 터라 상태는 심각했다. 병철이도 공부를 해야 한다는 것은 알고 있었다. 그런데 무엇을 어떻게 해야 할지 감을 잡을 수 없다고 했다. 복잡하게 생각하지 말고 우선 할 수 있는 과목부터 해보자고 했다.

"병철아, 일단 같이 공부해보고 싶은 과목을 두 개만 골라봐."
"영어하고 사회를 해볼게요."
"좋아. 그런데 선생님은 다른 선생님들 하는 방법과 많이 달라. 우선 내가 너한테 설명하거나 가르치는 것은 없어. 대부분 병철이가 직접 해야 하는데, 나는 방법이나 방향만 알려 줄 거야. 선생님이 열심히 설명한다고 병철이가 공부되는 건 아니잖아? 그리고 선생님은 교과 내용도 잘 몰라."

시작은 영어, 사회로 했다. 그런데 이 두 과목도 성적은 매우 낮은 편이었다. 일단 학교 진도에 맞춰 영어와 사회 교재를 읽어 나갔다. 영어의 경우 모르는 단어가 너무 많아서 소리 내 읽어 보라고 하면 읽을 수 없는 상황이었다.

우선 모르는 단어를 찾고 인터넷 사전을 통해서 발음을 정확하게 익히도록 했다. 그런 다음 여러 번 반복해서 소리 내 읽고, 읽을 때마다 횟수를 표시했다. 하루에 3~5번 정도 읽어 나갔다. **10번 정도 지나자 "3SR2E" 방식으로 읽었다.** 한 페이지를 천천히 읽으면서 내용을 이해하고 모르는 단어를 확인하면서 읽어 나갔다. 한 페이지를 읽는 데 걸린 시간은 3분 내외였다. 천천히 읽기는 수업할 때 2번 진행했다.

읽기에 어느 정도 익숙해지자 모르는 단어를 외울 수 있도록 테스트를 했다.

수업을 천천히 진행했지만 병철이가 모르는 단어도 많고 읽는 것도 익숙지 않아서 수업은 느리게 진행됐다.

영어 교재를 천천히 읽기로 진행할 즈음에는 공부에 재미도 붙이게 되었다.

"천천히 읽으니까, 어때?"

"내용이 조금씩 이해되는 것 같아요."

영어가 끝나면 10분 정도 사회책 읽기를 진행했다. 학교 수업시간에 따라 사용하는 요약 교재가 있었지만 교과서로 진행했다. 교과서가 이해하기 쉽게 설명이 돼 있기 때문에 기초가 약하다면 교과서를 활용하는 게 좋다.

병철이는 읽으면서 모르는 낱말은 인터넷 사전을 검색해서 뜻을 옮겨 적었다. 그런 다음 천천히 읽어 나갔다. 분량은 1~2페이지를 정했는데 읽는데 2~3분 정도 걸렸다. 천천히 읽기를 3회 정도 진행하니 10분이 조금 더 걸렸다. 읽을 때마다 횟수와 시간을 기록했다. 사회는 5회 천천히 읽기가 목표였다.

어느 정도 읽기 연습이 정착되자 "3SR2E" 방식으로 예습을 하도록 했다. 다음 수업 내용을 미리 천천히 여러 번 읽고 가도록 했다. 미리 읽어 가면 수업시간에 집중을 할 수 있다. 그러면 자연스레 누적 학습량이 늘어난다. 집에 와서도 쉽게 복습할 수 있다. 예습으로 바꾸고 나서 학교 수업이 어떤지 물었다.

"확실히 집중이 잘돼요. 이해도 잘되고."

병철이는 공부의 방법과 원리를 조금씩 깨우치고 있었다. 그러던 중 기말시험이 다가왔다. 시험 기간이 다가오자 병철이는 혼자서 공부하는 시간이 늘어났다. 학습량과 난이도를 올려서 수업을 진행했고, 적극적으로 임했다.

시험이 끝나고 수업하러 갔는데 병철이는 책상 위에 시험지를 올려놓고 기다리고 있었다. 처음에는 성적도 알려주지 않더니, 이번에는 시험지까지 보여주며 좋은 결과를 알렸다.

"열심히 노력했는데 결과가 잘 나와서 다행이다."

"네, 저도 기분 좋아요."

"포기하려다 다시 마음먹고 했는데, 해보니까 어때?"

"안될 줄 알았는데, 그래도 하니까 되네요."

병철이는 그렇게 천천히 자기주도 학습의 길로 들어서고 있었다.

실천 노트1) 3SR2E 실천

* SR: Slow Reading, E: Expressing in writing and in speaking
* 3SR2E : 3번 천천히 읽고, 2번 표현하기

구분	방법	읽은 시간	
1SR	내용을 이해(생각)하며 천천히 읽는다.	분	초
2SR	중요한 내용에 밑줄을 그으며 천천히 읽는다.	분	초
3SR	내일 선생님이 돼서 친구들을 가르친다고 생각하며 천천히 읽는다.	분	초

* 각 회독에 주어지는 읽기 방법에 따라 읽는다.

* 핵심은 천천히 읽는 것이다.

* 모르는 낱말이 많으면 1SR 전에 낱말의 뜻을 찾아서 책에 적는다.

* 한 번 읽을 때마다 휴식시간을 짧게 가진다.

* 한 번 읽을 때마다 읽은 시간을 재서 기록한다.

* 횟수가 늘어날 때마다 더 천천히 읽도록 노력한다.

* 다 읽고 나서는 읽은 내용을 책을 덮고 노트에 적어본다.

* 읽고 적은 내용을 부모님이나 선생님 혹은 친구에게 설명해 본다.

* "3SR2E"는 1주일에 2~5회 하며, 2~3개월 정도 하면 공부습관을 장착할 수 있다.

3SR2E -자세히 보아야 보인다 ①

date   .   .   .

과목(교재)		읽은 페이지	~	페이지
읽은 횟수 (해당되는 횟수에 ○표)	1회(이해하며 읽기)	천천히 읽은 시간	분	초
	2회(밑줄 그으며 읽기)		분	초
	3회(무엇을 가르칠까?)		분	초

책을 덮고 읽은 내용을 천천히 생각하면서 최대한 기억해서 적어보세요.
자세히 기록할수록 좋습니다.

3SR2E -자세히 보아야 보인다 ②

date   .   .   .

과목(교재)		읽은 페이지	~ 페이지	
읽은 횟수 (해당되는 횟수에 ○표)	1회(이해하며 읽기)	천천히 읽은 시간	분	초
	2회(밑줄 그으며 읽기)		분	초
	3회(무엇을 가르칠까?)		분	초

책을 덮고 읽은 내용을 천천히 생각하면서 최대한 기억해서 적어보세요.
자세히 기록할수록 좋습니다.

3SR2E -자세히 보아야 보인다 ③

과목(교재)		읽은 페이지	~	페이지
읽은 횟수 (해당되는 횟수에 ○표)	1회(이해하며 읽기)	천천히 읽은 시간	분	초
	2회(밑줄 그으며 읽기)		분	초
	3회(무엇을 가르칠까?)		분	초

책을 덮고 읽은 내용을 천천히 생각하면서 최대한 기억해서 적어보세요.
자세히 기록할수록 좋습니다.

3SR2E -자세히 보아야 보인다 ④

date   .   .   .

과목(교재)		읽은 페이지	~	페이지
읽은 횟수 (해당되는 횟수에 ○표)	1회(이해하며 읽기)	천천히 읽은 시간	분	초
	2회(밑줄 그으며 읽기)		분	초
	3회(무엇을 가르칠까?)		분	초

책을 덮고 읽은 내용을 천천히 생각하면서 최대한 기억해서 적어보세요.
자세히 기록할수록 좋습니다.

자기주도학습 실전 매뉴얼

3SR2E -자세히 보아야 보인다 ⑤

date　　.　　.　　.

과목(교재)			읽은 페이지	~	페이지
읽은 횟수 (해당되는 횟수에 ○표)	1회(이해하며 읽기)		천천히 읽은 시간	분	초
	2회(밑줄 그으며 읽기)			분	초
	3회(무엇을 가르칠까?)			분	초

책을 덮고 읽은 내용을 천천히 생각하면서 최대한 기억해서 적어보세요.
자세히 기록할수록 좋습니다.

3SR2E -자세히 보아야 보인다 ⑥

date   .   .   .

과목(교재)		읽은 페이지	~	페이지
읽은 횟수 (해당되는 횟수에 ○표)	1회(이해하며 읽기)	천천히 읽은 시간		분 초
	2회(밑줄 그으며 읽기)			분 초
	3회(무엇을 가르칠까?)			분 초

책을 덮고 읽은 내용을 천천히 생각하면서 최대한 기억해서 적어보세요.
자세히 기록할수록 좋습니다.

3SR2E -자세히 보아야 보인다 ⑦

date   .   .   .

과목(교재)		읽은 페이지	~ 페이지
읽은 횟수 (해당되는 횟수에 ○표)	1회(이해하며 읽기)	천천히 읽은 시간	분 초
	2회(밑줄 그으며 읽기)		분 초
	3회(무엇을 가르칠까?)		분 초

책을 덮고 읽은 내용을 천천히 생각하면서 최대한 기억해서 적어보세요.
자세히 기록할수록 좋습니다.

3SR2E -자세히 보아야 보인다 ⑧

date   .   .   .

과목(교재)		읽은 페이지	~ 페이지	
읽은 횟수 (해당되는 횟수에 ○표)	1회(이해하며 읽기)	천천히 읽은 시간	분	초
	2회(밑줄 그으며 읽기)		분	초
	3회(무엇을 가르칠까?)		분	초

책을 덮고 읽은 내용을 천천히 생각하면서 최대한 기억해서 적어보세요.
자세히 기록할수록 좋습니다.

3SR2E -자세히 보아야 보인다 ⑨

date   .   .   .

과목(교재)		읽은 페이지	~	페이지
읽은 횟수 (해당되는 횟수에 ○표)	1회(이해하며 읽기)	천천히 읽은 시간	분	초
	2회(밑줄 그으며 읽기)		분	초
	3회(무엇을 가르칠까?)		분	초

책을 덮고 읽은 내용을 천천히 생각하면서 최대한 기억해서 적어보세요.
자세히 기록할수록 좋습니다.

10대를 위한 자기주도학습 실천 노트

3SR2E -자세히 보아야 보인다 ⑩

date   .   .   .

과목(교재)		읽은 페이지	~	페이지
읽은 횟수 (해당되는 횟수에 ○표)	1회(이해하며 읽기)	천천히 읽은 시간	분	초
	2회(밑줄 그으며 읽기)		분	초
	3회(무엇을 가르칠까?)		분	초

책을 덮고 읽은 내용을 천천히 생각하면서 최대한 기억해서 적어보세요.
자세히 기록할수록 좋습니다.

3SR2E -자세히 보아야 보인다 ⑪

date   .   .   .

과목(교재)		읽은 페이지	~	페이지
읽은 횟수 (해당되는 횟수에 ○표)	1회(이해하며 읽기)	천천히 읽은 시간	분	초
	2회(밑줄 그으며 읽기)		분	초
	3회(무엇을 가르칠까?)		분	초

책을 덮고 읽은 내용을 천천히 생각하면서 최대한 기억해서 적어보세요.
자세히 기록할수록 좋습니다.

10대를 위한 자기주도학습 실천 노트

3SR2E -자세히 보아야 보인다 ⑫

date   .   .   .

과목(교재)		읽은 페이지	~	페이지
읽은 횟수 (해당되는 횟수에 ○표)	1회(이해하며 읽기)	천천히 읽은 시간	분	초
	2회(밑줄 그으며 읽기)		분	초
	3회(무엇을 가르칠까?)		분	초

책을 덮고 읽은 내용을 천천히 생각하면서 최대한 기억해서 적어보세요.
자세히 기록할수록 좋습니다.

3S2R2E -자세히 보아야 보인다 ⑬

date　　 .　　 .　　 .

과목(교재)		읽은 페이지	~	페이지
읽은 횟수 (해당되는 횟수에 ○표)	1회(이해하며 읽기)	천천히 읽은 시간	분	초
	2회(밑줄 그으며 읽기)		분	초
	3회(무엇을 가르칠까?)		분	초

책을 덮고 읽은 내용을 천천히 생각하면서 최대한 기억해서 적어보세요.
자세히 기록할수록 좋습니다.

3SR2E -자세히 보아야 보인다 ⑭

date   .   .   .

과목(교재)		읽은 페이지	~	페이지
읽은 횟수 (해당되는 횟수에 ○표)	1회(이해하며 읽기)	천천히 읽은 시간	분	초
	2회(밑줄 그으며 읽기)		분	초
	3회(무엇을 가르칠까?)		분	초

책을 덮고 읽은 내용을 천천히 생각하면서 최대한 기억해서 적어보세요.
자세히 기록할수록 좋습니다.

3S1R2E -자세히 보아야 보인다 ⑮

date   .   .   .

과목(교재)		읽은 페이지	~	페이지
읽은 횟수 (해당되는 횟수에 ○표)	1회(이해하며 읽기)	천천히 읽은 시간	분	초
	2회(밑줄 그으며 읽기)		분	초
	3회(무엇을 가르칠까?)		분	초

책을 덮고 읽은 내용을 천천히 생각하면서 최대한 기억해서 적어보세요.
자세히 기록할수록 좋습니다.

10대를 위한 자기주도학습 실천 노트

3SR2E -자세히 보아야 보인다 ⑯

date   .   .   .

과목(교재)		읽은 페이지	~	페이지
읽은 횟수 (해당되는 횟수에 ○표)	1회(이해하며 읽기)	천천히 읽은 시간	분	초
	2회(밑줄 그으며 읽기)		분	초
	3회(무엇을 가르칠까?)		분	초

책을 덮고 읽은 내용을 천천히 생각하면서 최대한 기억해서 적어보세요.
자세히 기록할수록 좋습니다.

자기주도학습 실전 매뉴얼

3SR2E -자세히 보아야 보인다 ⑰

date   .   .   .

과목(교재)		읽은 페이지	~	페이지
읽은 횟수 (해당되는 횟수에 ○표)	1회(이해하며 읽기)	천천히 읽은 시간	분	초
	2회(밑줄 그으며 읽기)		분	초
	3회(무엇을 가르칠까?)		분	초

책을 덮고 읽은 내용을 천천히 생각하면서 최대한 기억해서 적어보세요.
자세히 기록할수록 좋습니다.

3SR2E -자세히 보아야 보인다 ⑱

date   .   .   .

과목(교재)			읽은 페이지	~	페이지
읽은 횟수 (해당되는 횟수에 ○표)	1회(이해하며 읽기)	천천히 읽은 시간		분	초
	2회(밑줄 그으며 읽기)			분	초
	3회(무엇을 가르칠까?)			분	초

책을 덮고 읽은 내용을 천천히 생각하면서 최대한 기억해서 적어보세요.
자세히 기록할수록 좋습니다.

3S1R2E -자세히 보아야 보인다 ⑲

date   .   .   .

과목(교재)		읽은 페이지	~	페이지
읽은 횟수 (해당되는 횟수에 ○표)	1회(이해하며 읽기)	천천히 읽은 시간	분	초
	2회(밑줄 그으며 읽기)		분	초
	3회(무엇을 가르칠까?)		분	초

책을 덮고 읽은 내용을 천천히 생각하면서 최대한 기억해서 적어보세요.
자세히 기록할수록 좋습니다.

3SR2E -자세히 보아야 보인다 ⑳

date　　　　．　　．　　．

과목(교재)		읽은 페이지	~	페이지
읽은 횟수 (해당되는 횟수에 ○표)	1회(이해하며 읽기)	천천히 읽은 시간	분	초
	2회(밑줄 그으며 읽기)		분	초
	3회(무엇을 가르칠까?)		분	초

책을 덮고 읽은 내용을 천천히 생각하면서 최대한 기억해서 적어보세요.
자세히 기록할수록 좋습니다.

실천 노트2) 5SR2E 실천

* SR: Slow Reading, E: Expressing in writing and in speaking

* 5SR2E : 5번 천천히 읽고, 2번 표현하기

구분	방법	읽은 시간	
1SR	내용을 이해(생각)하며 천천히 읽는다.	분	초
2SR	중요한 내용에 밑줄을 그으며 천천히 읽는다.	분	초
3SR	내일 선생님이 돼서 친구들을 가르친다고 생각하며 천천히 읽는다.	분	초
4SR	시험문제를 출제한다면 무엇을 어떻게 출제할까 생각하면서 천천히 읽는다.	분	초
5SR	중요한 내용을 외우면서 읽는다. '다 읽은 다음 책을 덮고 기억해야지'라고 생각하면서 천천히 읽는다.	분	초

* 〈3SR2E〉를 확실하게 연습한 중고등 학생은 5SR2E에 도전하여 훈련한다.

* 초등학생은 특별한 경우를 제외하고는 3SR2E만 훈련하도록 한다.

* 모르는 낱말이 많으면 1SR 전에 낱말의 뜻을 찾아서 적는다.

* 한 번 읽을 때마다 읽은 시간을 재서 기록한다.

* 횟수가 늘어날 때마다 더 천천히 읽도록 노력한다.

* 일주일에 3회 이상 실시한다.

5SR2E -자세히 보아야 보인다 ①

date   .   .   .

과목(교재)		읽은 페이지	~	페이지
읽은 횟수 (해당되는 횟수에 ○표)	1회(이해하며 읽기)	천천히 읽은 시간	분	초
	2회(밑줄 그으며 읽기)		분	초
	3회(무엇을 가르칠까?)		분	초
	4회(시험문제는?)		분	초
	5회(기억하며 읽기)		분	초

책을 덮고 읽은 내용을 천천히 생각하면서 최대한 기억해서 적어보세요.
자세히 기록할수록 좋습니다.

자기주도학습 실전 매뉴얼

5SR2E -자세히 보아야 보인다 ②

date   .   .   .

과목(교재)		읽은 페이지	~		페이지
읽은 횟수 (해당되는 횟수에 ○표)	1회(이해하며 읽기)	천천히 읽은 시간		분	초
	2회(밑줄 그으며 읽기)			분	초
	3회(무엇을 가르칠까?)			분	초
	4회(시험문제는?)			분	초
	5회(기억하며 읽기)			분	초

책을 덮고 읽은 내용을 천천히 생각하면서 최대한 기억해서 적어보세요.
자세히 기록할수록 좋습니다.

5SR2E -자세히 보아야 보인다 ③

date   .   .   .

과목(교재)		읽은 페이지	~	페이지	
읽은 횟수 (해당되는 횟수에 ○표)	1회(이해하며 읽기)	천천히 읽은 시간		분	초
	2회(밑줄 그으며 읽기)			분	초
	3회(무엇을 가르칠까?)			분	초
	4회(시험문제는?)			분	초
	5회(기억하며 읽기)			분	초

책을 덮고 읽은 내용을 천천히 생각하면서 최대한 기억해서 적어보세요.
자세히 기록할수록 좋습니다.

5SR2E -자세히 보아야 보인다 ④

date   .   .   .

과목(교재)		읽은 페이지	~	페이지
읽은 횟수 (해당되는 횟수에 ○표)	1회(이해하며 읽기)	천천히 읽은 시간	분	초
	2회(밑줄 그으며 읽기)		분	초
	3회(무엇을 가르칠까?)		분	초
	4회(시험문제는?)		분	초
	5회(기억하며 읽기)		분	초

책을 덮고 읽은 내용을 천천히 생각하면서 최대한 기억해서 적어보세요.
자세히 기록할수록 좋습니다.

10대를 위한 자기주도학습 실천 노트

5SR2E -자세히 보아야 보인다 ⑤

date　　.　　.　　.

과목(교재)		읽은 페이지	~	페이지
읽은 횟수 (해당되는 횟수에 ○표)	1회(이해하며 읽기)	천천히 읽은 시간		분　　　초
	2회(밑줄 그으며 읽기)			분　　　초
	3회(무엇을 가르칠까?)			분　　　초
	4회(시험문제는?)			분　　　초
	5회(기억하며 읽기)			분　　　초

책을 덮고 읽은 내용을 천천히 생각하면서 최대한 기억해서 적어보세요.
자세히 기록할수록 좋습니다.

최고의 공부법,
표현하는 공부

. . .

수업 집중과 기억

나에게 특별한 재능은 없었다.
그저 남들과 달리 끈질기게 문제의 원인을 찾길 좋아했을 뿐이다.

－ 아인슈타인

중학교 1학년 은석이는 나름대로 열심히 하긴 하는데 성적이 별로여서 고민이 많다. 그러다 보니 공부 의욕도 많이 떨어진 상태다.

그런 은석이에게 물었다.

"공부 잘하는 학생들에게 공부를 잘하려면 무엇을 해야 하느냐고 물었더니 뭐라고 답했는지 아니? 이거, 이거, 이거를 잘해야 한다고 하던데?"

"에이, 저도 알아요. 예습, 복습, 수업에 집중. 맞죠?"

은석이는 자기도 그런 건 안다는 듯이 의기양양하게 답했다.

"그럼, 수업시간에 집중했겠네?"

"당연하죠. 아주 집중했지요."

마치 수업시간이 다시 돌아온 듯 인상을 쓰면서 대답했다.

"오, 정말 수업시간에 집중했나 보네. 그럼, 오늘 수업시간에 공부한 거 간단하게 적어볼 수 있을까? 집중했으니 기억이 날 거야."

은석이는 그렇게 하겠다고 하면서 펜을 들었다. 그런데 잘 생각이 나지 않는 모양이다.

"아, 그런데 잘 기억이 안 나는데요? 이상하네. 왜 생각이 안 나죠?"

왜 그런지 알 수 없다며 머쓱한 표정을 지으며 고개를 갸웃거린다.

"그래? 그렇다면 우선 시간표부터 적어볼까? 1교시에 무슨 과목이었지?"

"아… 그것도 생각이 잘 안 나요. 신기하네."

한참만에야 기억이 났는지 겨우 답한다.

"도덕, 도덕이었어요."

"그래, 그럼 그 시간에 뭘 배웠지?"

"정말 모르겠어요. 생각이 안 나요."

"뭐, 기억나는 단어도 없니?"

"음… 없어요."

"그러면 선생님 옷 색깔이나 헤어스타일 등 뭐 특이한 거 없었어?"

"아, 검정 옷을 입고 오셨어요."

"오, 그래? 그럼 그걸 적으면 되겠네."

"예? 그건 공부하고 상관없는데 그런 것도 적어요?"

"상관은 없지만 전혀 없다고 할 수도 없지. 그런 게 연결이 돼서 공부한 내용이 생각이 나고 기억에 도움을 주니까. 우리가 공부할 때는 학습 내용뿐만 아니라 그 시간에 일어난 일들이나 특이한 경험, 선생님의 음색, 그때 맡았던 어떤 냄새 등도 같이 머리에 저장되는 거거든. 선생님의 옷도 그런 의미에서 기억에 도움을 주지. 앞으로는 수업시간에 있었던 갖가지 것들을 기억해보도록 해."

이렇게 은석이는 수업이 끝나고 그날 배운 내용을 기억해서 적어보거나 말로 표현해보기로 했다. 코칭 시간에도 나는 은석이에게 수업 내용을 떠올리게 하고 그 내용을 적어보거나 말해보게 하였다. 횟수가 늘어날수록 은석이는 더 많은 것을 적거나 말할 수 있었다. 그럴수록 은석이는 수업에 더 집중할 수 있었다.

> "수업시간에 공부한 것을
> 간단하게 적어보는 것만으로도
> 학습능력이 크게 향상된다."

　한번은 한 중학교의 어떤 선생님과 효과적인 수업 방식에 대해 얘기를 나눈 적이 있다. 그때 나는 그 선생님에게 강의시간을 10분 줄여보라고 권했다. 그렇게 줄인 10분 중 앞의 5분 동안은 그날 배울 부분을 읽게 하고, 뒤의 5분 동안은 그날 배운 내용을 연습장에 적어보게 하라고 했다. 나중에 들으니 수업 앞뒤로 읽고 쓰는 시간 5분씩을 주었을 때, 학습에 대한 참여도와 성취도가 훨씬 높아진 것을 확인할 수 있었다.

출력 공부가 진짜 공부다

한 인문계 고등학교에서 2학년 대상으로 학습코칭 프로그램을 진행할 때의 일이다. 이 학생들은 본인의 학습 방법에 문제가 있다고 생각하고 자발적으로 프로그램에 참가하였다. 나는 학교수업을 마치고 교실에 모인 학생들에게 '출력하기' 수업을 진행하였다.

방법은 간단했다. 오전 수업시간에 학습한 내용을 노트에 기억나는 대로 써 보게 하였다. 처음 해보는 것이어서인지 대부분 무엇을 적을지 몰라 노트만 바라보고 있더니, 더 시간이 지난 후에는 황당하다는 듯 서로를 쳐다보며 멋쩍은 웃음을 지을 뿐이었다.

나는 바로 전 시간에 들은 수업 내용이 생각이 안 나는 건 머리가 나빠서 그런 것도 아니고 수업시간에 놀아서 그런 것도 아니니 너무 걱정하지 말라고 했다. 그동안 출력하는 공부를 하지 않아 갑자기 출력하려니 잘 안 되는 것일 뿐이라고 설명했다. 천천히 조금 더 생각해보면 생각나는 것이 있을 것이라고 말하고, 우선 떠오르는 단어라도 적어보게 하였다.

잠시 후에 학생들은 조금씩 더듬더듬 적어가기 시작하였고, 잘 안 되는 학생들은 교재를 잠깐 본 다음 덮고 적게 하였다. 아이들은 나름대로 수업에 열중했겠지만 기억나는 게 별로 없다는 사실에 다소 놀라는 눈치였다.

다음 날 한 학생이 수업 전에 질문을 했다.

"선생님, 오늘도 어제처럼 '빡세게' 하나요?"

어제 '수업 내용 적어보기(출력하기)'가 너무 힘들었다며 겸연쩍게 웃었다. **학생들은 그동안 집어넣는 것에만 열중했다. 학교 수업시간에 듣고, 학원 수업이나 인터넷 강의도 열심히 듣고, 그렇게 듣고 또 들으며 머릿속에 집어넣기 위해 노력해왔지만 배운 것을 표현해보는 연습은 거의 없었다. 이것이 공부한 만큼 성과가 나오지 않은 이유다.**

"여러분, 공부는 입력만큼이나 출력도 중요합니다. 자기가 배운 내용을 글이나 말로 자꾸 표현해보세요. 표현하면 이해가 더 잘 되고 기억도 더 잘 됩니다. 강의를 들었으면 꼭 표현하는 시간을 가지세요."

나는 표현의 중요성을 강조했다.

그런 다음 다시 수업시간에 배운 내용을 적어보라고 했다. 그리고 나서 이번에는 노트에 적은 내용을 옆의 친구에게 설명하게 했다. 한 학생은 짝이 없어서 나에게 수업 내용을 설명했다. 수학 시간에 배운 내용을 열심히 설명하던 그 학생은 무척 신이나 있었다. 재미있냐고 물으니 "네, 선생님. 효과가 좋은 것 같아요"라며 좋아했다.

이렇게 쓰고 말하기를 중심으로 표현하는 공부를 계속했다. 일주일쯤 지나자 학생들이 "이제 공부를 어떻게 해야 하는지 감이 잡혀요"라며 다들 이 방법을 꾸준히 실천하겠다고 했다. 좀 일찍 '출력 공부'를 하지 못한 것을 아쉬워했으며, 지금이라도 알게 된 것이 다행이라고도 했다. 한 여학생은 따로 '출력 노트'라는 것을 만들어 모든 과목을 적용해서 실천하고 있다고 말했다.

최고의 뇌를 만드는, 표현하는 공부

　유대인의 학습 방법으로 널리 알려진 '하브루타'는 《토라》나 《탈무드》를 공부하면서 '짝지어 토론하고 논쟁하고 대화하는 것'을 의미한다. 타인에게 설명하면 혼자 공부하는 것보다 사고가 명확해지고 배운 걸 더 잘 기억한다는 게 핵심이다.

　하브루타는 탈무드를 공부할 때 함께 토론하는 짝, 즉 파트너를 일컫는다. 최근에는 '짝을 지어 질문하고 토론하는 교육 방법'을 뜻하는 말로 확대 사용하고 있다.

　EBS에서 이와 관련된 실험이 소개된 적이 있다. 대학생 8명씩 두 그룹으로 나눠, 서로 다른 방식으로 서양사의 한 부분을 공부하게 하고 테스트를 받게 하였다. 한 그룹은 혼자 조용히 공부하는 '조용한 공부방'에서, 다른 한 그룹은 짝을 지어 시끄럽게 떠들며 서로에게 물어보며 공부하는 '말하는 공부방'에서 학습하게 했다.

　3시간 뒤 단답형 5문제, 수능형 5문제, 서술형 5문제로 1시간 동안 시험을 친 결과, 말하는 공부방에서 학습했던 학생들이 모든 문제에서 2배에 가까운 점수를 받으면서 '조용한 공부방' 그룹을 압도했다.

물론 학교에서 성적이 좋아 주목받는 학생들은 혼자서 조용히 공부하는 스타일이 많다. 그러다 보니 조용히 공부하는 것이 권장되고 있는 것이 사실이다. 하지만 이들의 공부 방법을 살펴보면 '말하는 공부법'을 응용하는 경우가 많다.

즉, 혼자서 남을 가르친다고 상상하면서 혼잣말로 얘기해 보기, 노트에 필기하고 정리하면서 자신에게 설명해 보기, 남을 가르치는 대신 기억한 내용을 출력해서 적어보기, 연상해서 떠올려 보기 등 다양한 방법을 사용한다.

다른 사람과 짝을 지어서 하기 어렵기 때문에 이와 같이 자기만의 방식을 개발해서 공부하는 것이다. 이 학생들은 우연한 계기로 이러한 방법들을 알게 됐고 그것을 더욱 발전시켰을 것이다.

말하고 표현하는 공부법이 조용한 공부법보다 효과가 좋다는 사실은 미국 버지니아 NTL(National Training Laboratories)의 '학습 피라미드(learning pyramid)'를 보면 더욱 확실하게 알 수 있다.

학습 피라미드는 여러 가지 방법으로 공부한 다음 24시간 후에 기억에 남아 있는 비율을 피라미드로 나타낸 것이다. 이 피라미드를 보면 강의 듣기는 5%, 읽기는 10%, 시청각 수업 듣기는 20%, 시범 강의 보기나 현장 견학은 30%이다. 그런데 토론은 50%, 실제 해보는 것은 75%, 다른 사람을 가르치는 것은 90%이다.

학교나 학원에서 교사에게 강의를 듣고 하루가 지나면 학생의 머릿속에 남는 지식은 5% 정도밖에 되지 않는 것이다. 학습 피라미드에 의하면 듣기만 하는 강의식 수업은 가장 효과가 낮다.

교육내용을 90% 기억하는 법은?

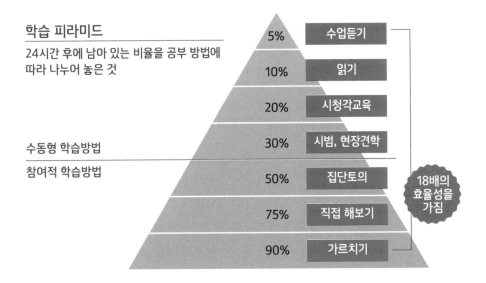

학습 피라미드
24시간 후에 남아 있는 비율을 공부 방법에
따라 나누어 놓은 것

수동형 학습방법
참여적 학습방법

5%	수업듣기
10%	읽기
20%	시청각교육
30%	시범, 현장견학
50%	집단토의
75%	직접 해보기
90%	가르치기

18배의
효율성을
가짐

　　자료에 의하면 친구를 가르치는 공부는 강의를 듣는 공부보다 18배의 효율
성을 가진다. 따라서 수업을 수동적으로 듣기만 할 것이 아니라 수업 중이나
수업이 끝난 후에 50% 이상 효과가 있는 토론이나 친구에게 설명하기, 가상의
대상을 설정하여 가르치기, 노트에 공부한 내용을 설명하며 적어보기 등을 적
절히 활용하여 공부한다면 효과를 극대화할 수 있다.

> "수업 중이나 수업이 끝난 후에
> 친구에게 설명하기, 가상의 대상을 설정하여
> 가르쳐 보기, 노트에 공부한 내용을 생각하며
> 적어보기 등을 적절히 활용하여
> 공부한다면 효과를 극대화할 수 있다."

수업 되살리기

오늘 (온라인) 수업 시간에 배운 과목 중 한 과목을 정해서 기억나는 대로 적어보세요.

과목 :

* 학교나 학원, 인터넷 강의 수강 후 한 과목을 선택한 후, '3SR2R(3번 읽고 2번 표현하기)'에서 했던 것처럼 노트에 최대한 기억해서 적어봅니다.

* 이때 내용의 정확도나 양이 중요한 것이 아니라 열심히 기억을 꺼내보는 과정이 중요합니다. 기억해 내는 양은 횟수를 거듭할수록 향상되므로 초기에 기억하는 양이 적더라도 걱정할 필요가 없습니다.

* 초기에는 일주일에 2~3회 진행하면서 적응이 되면 차츰 과목과 횟수를 늘려갑니다.

* 글 쓰는 형식이나 체계적이냐 아니냐는 중요한 문제가 아닙니다. 꺼내보는 연습을 자주 하는 것이 중요합니다.

* 다 적은 다음 책을 펴고 빠진 부분은 다른 색깔의 펜으로 적으며 무엇이 빠졌는지 확인해 봅니다.

수업 되살리기 ①

오늘 (온라인) 수업 시간에 배운 과목 중 한 과목을 정해서 기억나는 대로 적어보세요.

과목 :

수업 되살리기 ②

오늘 (온라인) 수업 시간에 배운 과목 중 한 과목을 정해서 기억나는 대로 적어보세요.

과목 :

수업 되살리기 ③

오늘 (온라인) 수업 시간에 배운 과목 중 한 과목을 정해서 기억나는 대로 적어보세요.

과목 :

수업 되살리기 ④

오늘 (온라인) 수업 시간에 배운 과목 중 한 과목을 정해서 기억나는 대로 적어보세요.

과목 :

10대를 위한 자기주도학습 실천 노트

수업 되살리기 ⑤

오늘 (온라인) 수업 시간에 배운 과목 중 한 과목을 정해서 기억나는 대로 적어보세요.

과목 :

자기주도학습 실전 매뉴얼

수업 되살리기 ⑥

오늘 (온라인) 수업 시간에 배운 과목 중 한 과목을 정해서 기억나는 대로 적어보세요.

과목 :

10대를 위한 자기주도학습 실천 노트

수업 되살리기 ⑦

오늘 (온라인) 수업 시간에 배운 과목 중 한 과목을 정해서 기억나는 대로 적어보세요.

과목 :

자기주도학습 실전 매뉴얼

수업 되살리기 ⑧

오늘 (온라인) 수업 시간에 배운 과목 중 한 과목을 정해서 기억나는 대로 적어보세요.

과목 :

10대를 위한 자기주도학습 실천 노트

수업 되살리기 ⑨

오늘 (온라인) 수업 시간에 배운 과목 중 한 과목을 정해서 기억나는 대로 적어보세요.

과목 :

수업 되살리기 ⑩

오늘 (온라인) 수업 시간에 배운 과목 중 한 과목을 정해서 기억나는 대로 적어보세요.

과목 :

수업 되살리기 ⑪

오늘 (온라인) 수업 시간에 배운 과목 중 한 과목을 정해서 기억나는 대로 적어보세요.

과목 :

자기주도학습 실전 매뉴얼

수업 되살리기 ⑫

오늘 (온라인) 수업 시간에 배운 과목 중 한 과목을 정해서 기억나는 대로 적어보세요.

과목 :

10대를 위한 자기주도학습 실천 노트

수업 되살리기 ⑬

오늘 (온라인) 수업 시간에 배운 과목 중 한 과목을 정해서 기억나는 대로 적어보세요.

과목 :

자기주도학습 실전 매뉴얼

수업 되살리기 ⑭

오늘 (온라인) 수업 시간에 배운 과목 중 한 과목을 정해서 기억나는 대로 적어보세요.

> 과목 :

10대를 위한 자기주도학습 실천 노트

수업 되살리기 ⑮

오늘 (온라인) 수업 시간에 배운 과목 중 한 과목을 정해서 기억나는 대로 적어보세요.

과목 :

내가 직접 시험문제 출제하기

시험문제를 출제할 때 출제자는 치밀한 계산을 하며 문제를 만들어낸다. 선생님은 학생들의 학업 성취도를 측정하기 위해 다양한 방식으로 문제를 생산한다. 기본적인 개념을 묻는 문제부터 고도의 사고력을 요구하는 문제까지 다양하다. 옳은 답 하나에 틀린 답 4개를 아무거나 배치해서 만드는 오지선다형 문제는 거의 없다.

시험에서 좋은 성적을 얻고 싶은 것은 누구나 마찬가지다. 그래서 시험에 대비해 예상 문제집을 많이 풀어보는 데 집중한다. 이 방법은 매우 유용한 방법이다. 예상 문제집을 풀어보면서 공부한 내용을 점검할 수 있고, 또 실제 시험처럼 풀어보면서 시험에 대비할 수 있다.

우리는 보통 시험을 통해 나의 실력을 평가받는다.

하지만 평가받는 수동적 입장이 아니라 출제하는 능동적 입장에 서보면 어떨까?

공부한 내용을 잘 살펴보면서 내가 직접 문제를 내보는 것이다. 이렇게 하면

10대를 위한 자기주도학습 실천 노트

공부 내용이 전혀 다른 모습으로 보일 것이다. 같은 내용이지만 전혀 새롭게 재구성되어 자신에게 다가온다. **시험문제를 만들어보면 저절로 지식과 지식이 연결되고 조합되어 새로운 지식으로 재탄생되는 것을 경험한다.**

  그러므로 평소에 일정 분량을 공부하고 난 뒤 예상문제를 만들어보면 이해와 기억은 물론 응용력과 사고력도 향상될 것이다.

내가 만든 시험문제 ①

선생님이 돼서 시험문제를 출제한다고 생각하고
예상문제를 만들어보세요. (객관식, 단답형, 서술형 등)
문제 아래에는 답을 적고, 풀이가 필요한 경우 해설을 적으세요.

| 과목 : | 범위 : | ~ | 페이지 |

내가 만든 시험문제 ②

선생님이 돼서 시험문제를 출제한다고 생각하고
예상문제를 만들어보세요. (객관식, 단답형, 서술형 등)
문제 아래에는 답을 적고, 풀이가 필요한 경우 해설을 적으세요.

과목 :	범위 : ~ 페이지

내가 만든 시험문제 ③

선생님이 돼서 시험문제를 출제한다고 생각하고
예상문제를 만들어보세요. (객관식, 단답형, 서술형 등)
문제 아래에는 답을 적고, 풀이가 필요한 경우 해설을 적으세요.

과목 :   범위 :   ~   페이지

10대를 위한 자기주도학습 실천 노트

내가 만든 시험문제 ④

선생님이 돼서 시험문제를 출제한다고 생각하고
예상문제를 만들어보세요. (객관식, 단답형, 서술형 등)
문제 아래에는 답을 적고, 풀이가 필요한 경우 해설을 적으세요.

과목 :   범위 :   ~   페이지

내가 만든 시험문제 ⑤

선생님이 돼서 시험문제를 출제한다고 생각하고
예상문제를 만들어보세요. (객관식, 단답형, 서술형 등)
문제 아래에는 답을 적고, 풀이가 필요한 경우 해설을 적으세요.

과목 :	범위 :	~	페이지

시험 끝난 다음이 더 중요하다

시험이 끝나면 학생들은 시험이 끝났다며 좋아한다. 시험이 끝났는데 기쁘지 않은 학생이 어디 있을까? 시험을 위해 며칠씩 밤이 늦도록 책상에 앉아 있고, 심리적 압박을 받고, 심지어 부모님의 잔소리를 들으며 '어서 시험이 끝났으면…' 하는 마음으로 공부했으니 기쁘지 않은 게 오히려 이상하다. 하지만 정말 공부를 잘하고 싶다면 시험이 끝나고 나서가 중요하다.

몰입의 관점에서 보면 학생의 공부 몰입도가 최고조로 달하는 때는 시험 직전이 아니라 시험을 보는 그 시간이다. 문제를 풀기 위해 자세히 문제를 읽고, 문제에서 요구하는 것이 무엇인지 생각하며 한 문제 한 문제 집중하여 풀어간다. 그렇게 문제를 풀다 보니, 학생이 가장 공부를 많이 하고 머리를 가장 많이 쓰는 시간은 바로 시험 당일의 시험 보는 그 시간이다. 공부가 힘든 것은 공부 몰입에 쉽게 들어가지 못하기 때문이다. 일단 몰입에 들어가면 그다음부터는 가속도가 붙어서 공부하는 게 어렵지 않다.

시험 기간에는 누구나 열심히 공부하려고 하는데, 특히 시험 전날부터 시험 당일까지 머리는 풀가동이고 집중도는 올라간다. 몰입으로 들어가는 게 쉽지는 않지만, 많은 학생이 몰입을 체험할 기회를 시험을 통해서 부여받는 것이다.

그런데 이렇게 어렵게 얻은 공부 몰입의 시간을 시험이 끝나자마자 무너뜨린다면 너무 아깝지 않은가?

시험이 끝났다고 머리에서 바로 공부에 대한 생각을 지우지 말고, 몰입 상태를 조금 더 유지하는 것이 좋다. 그 시간 동안에 시험 중에 헷갈렸거나 궁금했던 것, 알고 싶었던 것들을 다시금 확인함으로써 몰입 상태를 지속해 나가는 것이다. 사실 그렇게 하면 기억하는 데도 훨씬 도움이 된다. 그렇게 점검하고 확인하는 과정에서 몰입도가 올라가고, 벼락치기 했던 내용일지라도 이해가 되어 머릿속에 지식으로 차곡차곡 쌓이게 된다.

지난 시험 되돌아보기

1 이번 시험에서 가장 만족한 결과가 나온 과목은 무엇입니까?

2 시험 준비는 충분하였나요? 부족하였나요?

3 시험을 준비하면서 잘한 일은 무엇입니까?

4 시험을 준비하면서 부족했던 점은 무엇입니까?

5 시험 시간에 긴장하거나 불안하지는 않았습니까?

6 목표가 적당했다고 생각하세요? 무리한 목표를 세우지는 않았나요?
다음 시험엔 어느 정도의 목표가 적당하다고 생각하세요?

7 다음 시험에 꼭 좋은 성적을 받고 싶은 과목은 무엇입니까?

8 시험 끝나고 틀린 문제와 잘 모르는 문제에 대해서 이유를 살펴보고 확실하게 알고
넘어갔나요? 다음 시험에 똑같은 문제가 나온다면 맞출 수 있나요?

9 다음 시험을 위해서 평소에 어떤 방식으로 공부하는 것이 좋을까요?

PART 4

삶의
주인이 되는 공부,
자기 경영

. . .

주간성찰일지는 일주일에 1회씩 작성한다. 삶의 주인이 되기
위해서는 시간 관리를 잘 할 수 있어야 한다. 계획을 잘 세우고
실천하려면 지난 시간을 돌아보면서 잘한 일과 그렇지 못한
일을 구분하고 그를 바탕으로 실천 가능한 계획을 세운다. 다
른 파트와 병행하면서 진행하면 된다.

공부습관 일지로 스스로 공부하는 힘을 되찾다

종환이는 중상위권 정도의 성적을 유지하고 있었다. 여느 학생처럼 수학과 영어를 개인지도 받던 종환이는 나와 처음 만난 날 "학교와 과외 선생님이 내준 숙제가 많아서 힘들다"고 불평하였다.

사실 과도한 숙제는 공부에 대한 흥미를 떨어뜨리고 공부에 거부감을 느끼게 한다. 물론 선생님이나 부모님 입장에서는 TV 보는 시간, 컴퓨터 앞에서 노닥거리는 시간, 아무 생각 없이 멍하게 앉아 무의미하게 보내는 시간을 조금만 아끼면 숙제가 얼마든 문제가 안 될 거라 생각할 것이다.

종환이가 만약 초등학교 저학년이라면 부모님이나 선생님이 시키는 대로 했을지도 모른다. 하지만 중학생인 종환이는 '왜 이걸 억지로 해야 하나?', '언제까지 이렇게 살아야 하나?' 하는 고민으로 힘들어하고 있었다.

그래서 어머니한테 "과외 선생님께 얘기해서 숙제를 반으로 줄이도록 하는 게 어떨까요?"라고 제안을 했다. 물론 어머니는 많이 난감해하셨다.

"짧은 시간이라도 집중해야 하고 그래야 재미와 보람을 느낄 수 있습니다. 지금 방식으로 계속 간다면 많이 지칠 것이고 의욕도 저하될 것입니다."

"그렇지 않아도 과외 선생님한테 들으니 애가 숙제를 제대로 하지 않는다고 그러네요."

종환이에게는 "공부는 양이 문제가 아니라 5분을 하더라도 집중하는 것이 중요하다"고 말해주었고, "공부를 많이 하려 하지 말고 정확하게 하라"고 충고하였다. 또 "모르는데 그냥 넘어간다거나, '나중에 하지 뭐' 이런 식으로 미루는 것들은 공부를 못하게 되는 지름길"이라고 말하며 '공부습관 만들기 프로젝트'에 돌입했다.

나는 수업마다 그날 배운 내용을 다시 생각해서 적게 하였고, 그 내용을 설명하게 하였다. 그리고 상대적으로 약한 국어와 과학 과목은 교과서와 참고서를 여러 번 천천히 읽게 하였다. 상황에 따라서는 같은 방법으로 예습을 하게도 하였다.

이렇게 복습과 교과서 읽기 등이 어느 정도 익숙해지자 매일 매일 실천할 수 있도록 공부습관 일지를 쓰도록 하였다. 공부습관 일지는 쓰다 보면 저절로 공부습관이 만들어지도록 구성한 자기경영 일지와 학습 일기의 결합 형태다.

공부습관 일지를 2권을 쓰고 나자 종환이는 혼자서 공부하는 힘을 갖게 되었고 지금은 자신의 방식대로 공부해나가고 있다.

그동안 수업하고 난 소감을 말하라고 하니 "전에는 '계획이 무슨 필요가 있나'라고 생각했는데 한번 해보고 나니까 정말 많은 도움이 되었어요. 공부습관 일지도 계속 쓰다 보니까 정리가 잘 되었고 또 무엇을 공부하고 있는지 정확하게 알게 되니까 대비하기도 좋았어요"라고 말하며 웃었다.

꿈을 이루는 주간 성찰 일지 ①

년   월   일

	지난주 활동 되돌아보기	
지난 한주 동안 잘한 일이나 활동은 무엇입니까?	학습면: 활동면: 기타:	
지난주 수업 집중도는?	1. 수업 시간에 암기와 이해를 병행하였습니까? (상, 중, 하) 2. 중요한 내용과 모르는 내용을 표시하였습니까? (○, △, ×) 3. 수업이 끝나 후 잠시 기억해보고 생각해보았습니까? (○, △, ×)	
수업 끝난 후 어떤 공부를 하였습니까?	1. 그날 배운 수업 내용을 잘 복습하고 충분히 이해하고 중요한 내용을 외우셨어요? (○, △, ×) 2. 잠자리 들기 전(10~ 30분 전)에는 하루를 되돌아보고, 그날 공부한 내용을 잠시 생각해 보았습니까? (○, △, ×) 3. 매일 꾸준히 공부한 과목은 무엇입니까?	
독서 활동		
한주 동안 자발적으로 공부를 실천하였나요?		
지난주 반성 & 개선할 사항		
지난주 나의 활동 평가	꿈과 목표를 위한 나의 노력은 (A, B, C, D, F) 학점이다.	
	주간 계획	
다음 주 꼭 해야 하는 중요한 공부		
나에게 한마디 (다짐, 계획, 소망)		

매일 아침에 일어나면 "내가 할 수 있는 일이 뭘까?"라고 생각했다.
그리고 저녁에 잠자리에 들 때는 "내가 그것을 했는가?"라고 자문했다.
나는 그렇게 하루를 시작하고 하루를 마무리 지었다.

- 벤자민 프랭클린

10대를 위한 자기주도학습 실천 노트

꿈을 이루는 주간 성찰 일지 ②

년   월   일

지난주 활동 되돌아보기

지난 한주 동안 잘한 일이나 활동은 무엇입니까?	학습면: 활동면: 기타:
지난주 수업 집중도는?	1. 수업 시간에 암기와 이해를 병행하였습니까? (상, 중, 하) 2. 중요한 내용과 모르는 내용을 표시하였습니까? (○, △, ×) 3. 수업이 끝나 후 잠시 기억해보고 생각해보았습니까? (○, △, ×)
수업 끝난 후 어떤 공부를 하였습니까?	1. 그날 배운 수업 내용을 잘 복습하고 충분히 이해하고 중요한 내용을 외우셨나요? (○, △, ×) 2. 잠자리 들기 전(10~ 30분 전)에는 하루를 되돌아보고, 그날 공부한 내용을 잠시 생각해 보았습니까? (○, △, ×) 3. 매일 꾸준히 공부한 과목은 무엇입니까?
독서 활동	
한주 동안 자발적으로 공부를 실천하였나요?	
지난주 반성 & 개선할 사항	
지난주 나의 활동 평가	꿈과 목표를 위한 나의 노력은 (A, B, C, D, F) 학점이다.

주간 계획

다음 주 꼭 해야 하는 중요한 공부	
나에게 한마디 (다짐, 계획, 소망)	

매일 아침에 일어나면 "내가 할 수 있는 일이 뭘까?"라고 생각했다.
그리고 저녁에 잠자리에 들 때는 "내가 그것을 했는가?"라고 자문했다.
나는 그렇게 하루를 시작하고 하루를 마무리 지었다.

- 벤자민 프랭클린

삶의 주인이 되는 공부, 자기 경영

꿈을 이루는 주간 성찰 일지 ③

년   월   일

지난주 활동 되돌아보기

지난 한주 동안 잘한 일이나 활동은 무엇입니까?	학습면: 활동면: 기타:
지난주 수업 집중도는?	1. 수업 시간에 암기와 이해를 병행하였습니까? (상, 중, 하) 2. 중요한 내용과 모르는 내용을 표시하였습니까? (○, △, ×) 3. 수업이 끝난 후 잠시 기억해보고 생각해보았습니까? (○, △, ×)
수업 끝난 후 어떤 공부를 하였습니까?	1. 그날 배운 수업 내용을 잘 복습하고 충분히 이해하고 중요한 내용을 외우셨나요? (○, △, ×) 2. 잠자리 들기 전(10~ 30분 전)에는 하루를 되돌아보고, 그날 공부한 내용을 잠시 생각해 보았습니까? (○, △, ×) 3. 매일 꾸준히 공부한 과목은 무엇입니까?
독서 활동	
한주 동안 자발적으로 공부를 실천하였나요?	
지난주 반성 & 개선할 사항	
지난주 나의 활동 평가	꿈과 목표를 위한 나의 노력은 (A, B, C, D, F) 학점이다.
주간 계획	
다음 주 꼭 해야 하는 중요한 공부	
나에게 한마디 (다짐, 계획, 소망)	

매일 아침에 일어나면 "내가 할 수 있는 일이 뭘까?"라고 생각했다.
그리고 저녁에 잠자리에 들 때는 "내가 그것을 했는가?"라고 자문했다.
나는 그렇게 하루를 시작하고 하루를 마무리 지었다.

- 벤자민 프랭클린

꿈을 이루는 주간 성찰 일지 ④

년   월   일

지난주 활동 되돌아보기

지난 한주 동안 잘한 일이나 활동은 무엇입니까?	학습면: 활동면: 기타:
지난주 수업 집중도는?	1. 수업 시간에 암기와 이해를 병행하였습니까? (상, 중, 하) 2. 중요한 내용과 모르는 내용을 표시하였습니까? (○, △, ×) 3. 수업이 끝나 후 잠시 기억해보고 생각해보았습니까? (○, △, ×)
수업 끝난 후 어떤 공부를 하였습니까?	1. 그날 배운 수업 내용을 잘 복습하고 충분히 이해하고 중요한 내용을 외우셨나요? (○, △, ×) 2. 잠자리 들기 전(10~ 30분 전)에는 하루를 되돌아보고, 그날 공부한 내용을 잠시 생각해 보았습니까? (○, △, ×) 3. 매일 꾸준히 공부한 과목은 무엇입니까?
독서 활동	
한주 동안 자발적으로 공부를 실천하였나요?	
지난주 반성 & 개선할 사항	
지난주 나의 활동 평가	꿈과 목표를 위한 나의 노력은 (A, B, C, D, F) 학점이다.

주간 계획

다음 주 꼭 해야 하는 중요한 공부	
나에게 한마디 (다짐, 계획, 소망)	

매일 아침에 일어나면 "내가 할 수 있는 일이 뭘까?"라고 생각했다.
그리고 저녁에 잠자리에 들 때는 "내가 그것을 했는가?"라고 자문했다.
나는 그렇게 하루를 시작하고 하루를 마무리 지었다.

- 벤자민 프랭클린

꿈을 이루는 주간 성찰 일지 ⑤

년   월   일

지난주 활동 되돌아보기	
지난 한주 동안 잘한 일이나 활동은 무엇입니까?	학습면: 활동면: 기타:
지난주 수업 집중도는?	1. 수업 시간에 암기와 이해를 병행하였습니까? (상, 중, 하) 2. 중요한 내용과 모르는 내용을 표시하였습니까? (○, △, ×) 3. 수업이 끝나 후 잠시 기억해보고 생각해보았습니까? (○, △, ×)
수업 끝난 후 어떤 공부를 하였습니까?	1. 그날 배운 수업 내용을 잘 복습하고 충분히 이해하고 중요한 내용을 외우셨나요? (○, △, ×) 2. 잠자리 들기 전(10~ 30분 전)에는 하루를 되돌아보고, 그날 공부한 내용을 잠시 생각해 보았습니까? (○, △, ×) 3. 매일 꾸준히 공부한 과목은 무엇입니까?
독서 활동	
한주 동안 자발적으로 공부를 실천하였나요?	
지난주 반성 & 개선할 사항	
지난주 나의 활동 평가	꿈과 목표를 위한 나의 노력은 (A, B, C, D, F) 학점이다.
주간 계획	
다음 주 꼭 해야 하는 중요한 공부	
나에게 한마디 (다짐, 계획, 소망)	

매일 아침에 일어나면 "내가 할 수 있는 일이 뭘까?"라고 생각했다.
그리고 저녁에 잠자리에 들 때는 "내가 그것을 했는가?"라고 자문했다.
나는 그렇게 하루를 시작하고 하루를 마무리 지었다.

- 벤자민 프랭클린

꿈을 이루는 주간 성찰 일지 ⑥

년   월   일

지난주 활동 되돌아보기	
지난 한주 동안 잘한 일이나 활동은 무엇입니까?	학습면: 활동면: 기타:
지난주 수업 집중도는?	1. 수업 시간에 암기와 이해를 병행하였습니까? (상, 중, 하) 2. 중요한 내용과 모르는 내용을 표시하였습니까? (○, △, ×) 3. 수업이 끝나 후 잠시 기억해보고 생각해보았습니까? (○, △, ×)
수업 끝난 후 어떤 공부를 하였습니까?	1. 그날 배운 수업 내용을 잘 복습하고 충분히 이해하고 중요한 내용을 외우셨나요? (○, △, ×) 2. 잠자리 들기 전(10~ 30분 전)에는 하루를 되돌아보고, 그날 공부한 내용을 잠시 생각해 보았습니까? (○, △, ×) 3. 매일 꾸준히 공부한 과목은 무엇입니까?
독서 활동	
한주 동안 자발적으로 공부를 실천하였나요?	
지난주 반성 & 개선할 사항	
지난주 나의 활동 평가	꿈과 목표를 위한 나의 노력은 (A, B, C, D, F) 학점이다.
주간 계획	
다음 주 꼭 해야 하는 중요한 공부	
나에게 한마디 (다짐, 계획, 소망)	

매일 아침에 일어나면 "내가 할 수 있는 일이 뭘까?"라고 생각했다.
그리고 저녁에 잠자리에 들 때는 "내가 그것을 했는가?"라고 자문했다.
나는 그렇게 하루를 시작하고 하루를 마무리 지었다.
- 벤자민 프랭클린

꿈을 이루는 주간 성찰 일지 ⑦

년   월   일

지난주 활동 되돌아보기	
지난 한주 동안 잘한 일이나 활동은 무엇입니까?	학습면: 활동면: 기타:
지난주 수업 집중도는?	1. 수업 시간에 암기와 이해를 병행하였습니까? (상, 중, 하) 2. 중요한 내용과 모르는 내용을 표시하였습니까? (○, △, ×) 3. 수업이 끝나 후 잠시 기억해보고 생각해보았습니까? (○, △, ×)
수업 끝난 후 어떤 공부를 하였습니까?	1. 그날 배운 수업 내용을 잘 복습하고 충분히 이해하고 중요한 내용을 외우셨나요? (○, △, ×) 2. 잠자리 들기 전(10~ 30분 전)에는 하루를 되돌아보고, 그날 공부한 내용을 잠시 생각해 보았습니까? (○, △, ×) 3. 매일 꾸준히 공부한 과목은 무엇입니까?
독서 활동	
한주 동안 자발적으로 공부를 실천하였나요?	
지난주 반성 & 개선할 사항	
지난주 나의 활동 평가	꿈과 목표를 위한 나의 노력은 (A, B, C, D, F) 학점이다.
주간 계획	
다음 주 꼭 해야 하는 중요한 공부	
나에게 한마디 (다짐, 계획, 소망)	

매일 아침에 일어나면 "내가 할 수 있는 일이 뭘까?"라고 생각했다.
그리고 저녁에 잠자리에 들 때는 "내가 그것을 했는가?"라고 자문했다.
나는 그렇게 하루를 시작하고 하루를 마무리 지었다.

- 벤자민 프랭클린

꿈을 이루는 주간 성찰 일지 ⑧

년　월　일

지난주 활동 되돌아보기	
지난 한주 동안 잘한 일이나 활동은 무엇입니까?	학습면: 활동면: 기타:
지난주 수업 집중도는?	1. 수업 시간에 암기와 이해를 병행하였습니까? (상, 중, 하) 2. 중요한 내용과 모르는 내용을 표시하였습니까? (○, △, ×) 3. 수업이 끝나 후 잠시 기억해보고 생각해보았습니까? (○, △, ×)
수업 끝난 후 어떤 공부를 하였습니까?	1. 그날 배운 수업 내용을 잘 복습하고 충분히 이해하고 중요한 내용을 외우셨나요? (○, △, ×) 2. 잠자리 들기 전(10~ 30분 전)에는 하루를 되돌아보고, 그날 공부한 내용을 잠시 생각해 보았습니까? (○, △, ×) 3. 매일 꾸준히 공부한 과목은 무엇입니까?
독서 활동	
한주 동안 자발적으로 공부를 실천하였나요?	
지난주 반성 & 개선할 사항	
지난주 나의 활동 평가	꿈과 목표를 위한 나의 노력은 (A, B, C, D, F) 학점이다.
주간 계획	
다음 주 꼭 해야 하는 중요한 공부	
나에게 한마디 (다짐, 계획, 소망)	

매일 아침에 일어나면 "내가 할 수 있는 일이 뭘까?"라고 생각했다.
그리고 저녁에 잠자리에 들 때는 "내가 그것을 했는가?"라고 자문했다.
나는 그렇게 하루를 시작하고 하루를 마무리 지었다.

- 벤자민 프랭클린

삶의 주인이 되는 공부, 자기 경영

꿈을 이루는 주간 성찰 일지 ⑨

년   월   일

지난주 활동 되돌아보기	
지난 한주 동안 잘한 일이나 활동은 무엇입니까?	학습면: 활동면: 기타:
지난주 수업 집중도는?	1. 수업 시간에 암기와 이해를 병행하였습니까? (상, 중, 하) 2. 중요한 내용과 모르는 내용을 표시하였습니까? (○, △, ×) 3. 수업이 끝나 후 잠시 기억해보고 생각해보았습니까? (○, △, ×)
수업 끝난 후 어떤 공부를 하였습니까?	1. 그날 배운 수업 내용을 잘 복습하고 충분히 이해하고 중요한 내용을 외우셨나요? (○, △, ×) 2. 잠자리 들기 전(10~ 30분 전)에는 하루를 되돌아보고, 그날 공부한 내용을 잠시 생각해 보았습니까? (○, △, ×) 3. 매일 꾸준히 공부한 과목은 무엇입니까?
독서 활동	
한주 동안 자발적으로 공부를 실천하였나요?	
지난주 반성 & 개선할 사항	
지난주 나의 활동 평가	꿈과 목표를 위한 나의 노력은 (A, B, C, D, F) 학점이다.
주간 계획	
다음 주 꼭 해야 하는 중요한 공부	
나에게 한마디 (다짐, 계획, 소망)	

매일 아침에 일어나면 "내가 할 수 있는 일이 뭘까?"라고 생각했다.
그리고 저녁에 잠자리에 들 때는 "내가 그것을 했는가?"라고 자문했다.
나는 그렇게 하루를 시작하고 하루를 마무리 지었다.

- 벤자민 프랭클린

10대를 위한 자기주도학습 실천 노트

꿈을 이루는 주간 성찰 일지 ⑩

년   월   일

지난주 활동 되돌아보기

지난 한주 동안 잘한 일이나 활동은 무엇입니까?	학습면: 활동면: 기타:
지난주 수업 집중도는?	1. 수업 시간에 암기와 이해를 병행하였습니까? (상, 중, 하) 2. 중요한 내용과 모르는 내용을 표시하였습니까? (○, △, ×) 3. 수업이 끝나 후 잠시 기억해보고 생각해보았습니까? (○, △, ×)
수업 끝난 후 어떤 공부를 하였습니까?	1. 그날 배운 수업 내용을 잘 복습하고 충분히 이해하고 중요한 내용을 외우셨나요? (○, △, ×) 2. 잠자리 들기 전(10~ 30분 전)에는 하루를 되돌아보고, 그날 공부한 내용을 잠시 생각해 보았습니까? (○, △, ×) 3. 매일 꾸준히 공부한 과목은 무엇입니까?
독서 활동	
한주 동안 자발적으로 공부를 실천하였나요?	
지난주 반성 & 개선할 사항	
지난주 나의 활동 평가	꿈과 목표를 위한 나의 노력은 (A, B, C, D, F) 학점이다.

주간 계획

다음 주 꼭 해야 하는 중요한 공부	
나에게 한마디 (다짐, 계획, 소망)	

매일 아침에 일어나면 "내가 할 수 있는 일이 뭘까?"라고 생각했다.
그리고 저녁에 잠자리에 들 때는 "내가 그것을 했는가?"라고 자문했다.
나는 그렇게 하루를 시작하고 하루를 마무리 지었다.

- 벤자민 프랭클린

삶의 주인이 되는 공부, 자기 경영

10대를 위한
자기주도학습 실천 노트

2024년 1월 10일 초판 5쇄 발행

지은이 | 정형권
펴낸이 | 이병일
펴낸곳 | **더메이커**
전 화 | 031-973-8302
팩 스 | 0504-178-8302
이메일 | tmakerpub@hanmail.net
등 록 | 제 2015-000148호(2015년 7월 15일)

ISBN | 979-11-87809-47-0 43190